LES BUTS! LES ÉTABLIR ET LES ACCOMPLIR!!

Comment réussir dans la vie Chrétienne

AIDES PRATIQUES POUR LES VAINQUEURS

TOME 6

ZACHARIAS TANEE FOMUM

books4
revival.com

info@ztfbooks.com | https://ztfbooks.com

TABLE DES MATIÈRES

PRÉFACE

Ce livre *"Les buts! les établir et les accomplir!!"* est le sixième de la série intitulée : *"Aides Pratiques Pour Les Vainqueurs."* Les livres de cette série qui ont déjà été produits sont :

Qu'est-ce que le succès dans la vie chrétienne? Réussir dans la vie chrétienne, c'est être tout ce pourquoi Dieu t'a sauvé et être tout ce qu'Il veut que tu sois. Celui qui veut réussir doit alors découvrir ce pourquoi le Seigneur l'a sauvé et ce qu'Il veut qu'il soit, afin de l'accomplir. Pour y parvenir, il faut qu'il découvre le but moteur de Dieu pour sa vie et qu'il l'accomplisse. Il faut qu'il établisse ce but comme étant l'unique but de sa vie et qu'il y mette par conséquent tout de lui-même et tout ce qu'il a pour l'accomplir.

Dieu ne t'a pas sauvé pour que tu gaspilles ta vie dans l'oisiveté. Il t'a sauvé en ayant en vue un but particulier. Recherche ce but, accomplis-le, et alors tu auras réussi. Ce livre traite de la manière de réussir dans ta vie chrétienne en accomplissant l'appel de Dieu dans ta vie.

Lis-le et découvres-y comment avoir du succès. Mets-le en pratique et aie du succès.

Nous publions ce livre en priant qu'il puisse aider le peuple de Dieu à sortir de la médiocrité provenant du manque du but pour entrer dans le succès spirituel au moyen d'une vie dirigée par un but.

Le 8 Janvier 1987

Zacharias TANEE FOMUM
B.P. 6090 Yaoundé-Cameroun

1

DIEU N'APPELLE PAS A DES BUTS VAGUES

Peux-tu imaginer un match de football où il n'y a pas de goals dans lesquels marquer des buts ? Les joueurs se contenteraient de tirer la balle en désordre. Certains la tireront en l'air, d'autres à droite, et d'autres encore à gauche. Ce serait une confusion totale.

Il en est ainsi du croyant qui n'a pas de but clair pour sa vie. Il ne va dans aucune direction spécifique. Il est semblable à un bateau en mer sans destination. Une boussole serait inutile parce qu'il n'y a pas de destination. Peux-tu imaginer un avion qui décolle d'un aéroport, mais qui ne se dirige vers aucune direction spécifique ? Quelle sera sa destination ? Pendant combien de temps volera-t-il ? A quelle altitude ? Où aboutira-t-il ? Je pense qu'il finira dans un accident et pourrait entraîner d'autres avions dans un accident.

Si tu n'as pas de but dans la vie, ou si ton but est vague, tu es comme cet avion. Tu finiras dans la confusion. Du fait que ton but est "rien", tu l'accompliras, c'est-à-dire que tu n'accompliras rien.

Le plus grand désastre qui puisse arriver dans une vie quelconque est qu'elle soit investie à n'aller nulle part ! A défaut d'un but clair et spécifique, une personne va tout droit vers "nulle part" Elle y arrivera !

Dieu avait appelé l'apôtre Paul à quelque chose de défini. Lors de sa conversion, il lui fut demandé d'aller à Damas où on lui dirait ce qu'il devait faire. A Damas, Dieu dit à Ananias qu'il envoyait vers Saul ce que Saul devait faire. Dieu dit :

> *"Va, cet homme est un instrument que j'ai choisi, pour porter mon nom devant les nations, devant les rois, et devant les fils d'Israël" (Actes 9:15).*

Plus tard, Dieu présenta les choses plus clairement, car Il lui dit :

> *"...Car je te suis apparu pour t'établir ministre et témoin des choses que tu as vues et de celles pour lesquelles je t'apparaîtrai. Je t'ai choisi du milieu de ce peuple et du milieu des païens, vers qui je t'envoie, afin que tu leur ouvres les yeux, pour qu'ils passent des ténèbres à la lumière et de la puissance de Satan à Dieu, pour qu'ils reçoivent, par la foi en moi, le pardon des péchés et l'héritage avec les sanctifiés" (Actes 26:16-18).*

Dieu envoya Paul vers les païens pour qu'il leur ouvre les yeux afin qu'ils puissent passer des ténèbres à la lumière et de la puissance de Satan à Dieu ; afin qu'ils reçoivent par la foi en Christ le pardon des péchés et l'héritage avec les sanctifiés. Ainsi, sa commission était de conduire les païens à la foi et à la sanctification. Sa commission était de proclamer tout le conseil de Dieu aux païens et de les amener dans ce conseil. Paul l'avait clairement compris.

Dieu a un plan, un but, un appel défini pour ta vie. S'il n'en était pas ainsi, Il t'aurait enlevé au ciel peu après que tu aies cru. Son but pour toi n'est juste pas que tu passes de la mort à la vie. Ce but a été accompli le jour où tu fus sauvé. Tu n'as pas été enlevé pour être avec Jésus ce jour-là parce que Dieu t'a sauvé pour que tu Le serves. Il veut que tu Le serves de façon spécifique. Il veut que tu accomplisses pour Lui une tâche que toi seul peux accomplir. Tu es sur terre pour découvrir ce but et l'accomplir. Ne pas le chercher et ne pas l'accomplir serait échouer lamentablement.

Si tu es vague et confus, tu dois savoir que le plan de Dieu pour ta vie, celui qu'Il a élaboré pour que tu l'accomplisses, n'est pas vague. Il est clair. Il est défini. En fait, dès le jour où tu as cru, Dieu voulait que tu commences à chercher et à faire cette seule tâche à laquelle Il t'a appelé.

Saul de Tarse avait clairement compris cela. Dès le moment où le Seigneur ressuscité lui apparut, il Lui demanda

> *"Que ferai-je, Seigneur" Le Seigneur lui répondit : "Lève-toi, va à Damas, et là on te dira tout ce que tu dois faire" (Actes 22:10).*

La même chose s'applique à toi. Tu aurais dû demander dès le jour où tu fus sauvé : "Que ferai-je, Seigneur ? Si tu l'avais fait, le Seigneur t'aurait dit ce à quoi Il t'a destiné ; ou bien Il t'aurait envoyé vers quelqu'un ou vers des gens qui t'auraient dit ce à quoi tu as été destiné ; ou bien il t'aurait dit ce que tu dois faire en attendant qu'Il te dise ce à quoi tu as été destiné.

Ne dis pas que Dieu a établi Saul de Tarse parce qu'il était destiné à devenir apôtre. Cela est vrai, mais Il n'établit pas seulement des apôtres. La Bible dit :

> *"Et Dieu a établi dans l'Eglise, premièrement des apôtres,*

secondement des prophètes,

troisièmement des docteurs,

ensuite ceux qui ont le don des miracles,

puis ceux qui ont le don des guérisons,

de secourir, de gouverner, de parler diverses langues"

(1 Corinthiens 12:28).

Comme tu peux le constater, Dieu établit aussi des aides, des administrateurs, etc. Ces fonctions sont aussi importantes pour Dieu que celles des apôtres et des prophètes.

Dieu a établi des croyants dans toutes les fonctions nécessaires pour S'assurer que Son plan global soit accompli. Il a établi :

- certains pour prier de manière plus étendue,
- d'autres pour jeûner de façon plus étendue,
- d'autres pour chanter,
- d'autres pour écrire des livres,
- d'autres pour écrire des traités,
- d'autres pour donner de l'argent d'une manière plus large,
- d'autres pour encourager,
- etc.

Tous sont Ses choix. Tous sont importants. Tous sont clairs pour Lui. Tous sont des choix spécifiques

- à des situations spécifiques
- à des lieux spécifiques
- à des moments spécifiques
- à des durées spécifiques

- à des desseins spécifiques

Dieu a tous les détails. Il te faut recevoir de Lui les détails. Il pourrait te les donner en fragments, mais Il te les donnera. Il ne veut pas que tu sois sans but. Il ne veut pas que tu perdes du temps, ni que tu sois confus. Il ne veut pas non plus que tu sois en train d'aller nulle part. Il ne te veut pas non plus au mauvais endroit, ni que tu sois en train de battre l'air ou de courir en vain. Il veut que tu rachètes le temps. Plus tôt tu découvriras là où tu dois être et ce que tu dois faire, mieux ce sera pour toi !

Le fait que Dieu voudrait que tu fasses une chose particulière à un endroit particulier est illustré dans ce qui s'était passé lors de la reconstruction du mur de Jérusalem au temps de Néhémie. La Parole de Dieu dit :

> *"Eliaschib, le souverain sacrificateur, se leva avec ses frères, les sacrificateurs, et ils bâtirent la porte des brebis. Ils la consacrèrent et en posèrent les battants; ils la consacrèrent, depuis la tour de Méa jusqu'à la tour de Hananeel. A côté d'Eliaschib bâtirent les hommes de Jéricho ; à côté de lui bâtit aussi Zaccur, fils d'Imri. Les fils de Senaa bâtirent la porte des poissons. Ils la couvrirent et en posèrent les battants, les verrous et les barres. A côté d'eux travailla aux réparations Mérémoth, fils d'Urie, fils d'Hakkots; à côté d'eux travailla Meschullam, fils de Bérékia, fils de Meschézabeel ; à côté d'eux travailla Tsadok, fils de Baana; à côté d'eux travaillèrent les Tékoïtes, dont les principaux ne se soumirent pas au service de leur Seigneur.." (Néhémie 3:1-32).*

Vois-tu l'ordre ? Vois-tu que chacun avait une tâche spécifique à faire dans un endroit bien particulier ?

Vois-tu que l'étendue de la tâche de chaque personne était décrite ? Il est évident que chacun avait occupé la position qu'on lui avait assignée et avait accompli la tâche qui lui était assignée, et uniquement la tâche qui lui était assignée.

Dieu voudrait que cela se passe ainsi dans ta vie. Le laisseras-tu agir librement ?

Pour qu'Il agisse librement, il faut que ce soit dans tous les domaines. Il faut que tu Lui demandes ce qu'Il voudrait que tu fasses. Il faut que tu coopères avec Lui jusqu'à ce qu'Il te montre clairement tout ce que tu dois faire, et il faudra ensuite que tu Lui obéisses en toutes choses jusqu'à ce que tu achèves ta course.

Quelqu'un pourrait se demander *"Comment puis-je connaître ce à quoi Dieu m'a appelé pour que j'en fasse le but de ma vie"*? Nous n'allons pas répondre à cette question dans cette étude. Nous avons répondu à cette question dans un autre livre : *"Connaître la volonté de Dieu"* Qu'il nous suffise de dire que ceux qui veulent sincèrement connaître la volonté de Dieu pour leur vie la connaîtront. Le Seigneur Jésus a dit :

"Si quelqu'un veut faire sa volonté, il connaîtra.." (Jean 7:17).

Le Psalmiste a dit :

"Il conduit les humbles dans la justice, il enseigne aux humbles sa voie" (Psaume 25:9).

2

LA NÉCESSITÉ D'AVOIR UN BUT MOTEUR

I l est impossible de réussir dans la vie chrétienne si on n'a pas un but moteur. Peux-tu imaginer un homme qui, ayant un million de francs, le change en pièces de cinq francs et donne une pièce à chaque personne qu'il rencontre ? La raison qu'il donne pour une telle action est qu'il voudrait être juste envers tout le monde. Il voudrait subvenir aux besoins de tout le monde, c'est pourquoi il ne peut pas sacrifier tout le monde en donnant de l'argent à une, deux ou trois personnes seulement. En voulant subvenir aux besoins de tout le monde, il n'a satisfait le besoin de personne, car les pièces de cinq francs que les gens auront reçues sont trop insignifiantes pour être utilisées par qui que ce soit.

Il y a des croyants qui veulent faire tout ce qui existe sous le ciel. Ils veulent évangéliser :

- les enfants en dessous de cinq ans,
- ceux qui ont entre cinq et dix ans,
- ceux qui ont entre dix et quinze ans,
- ceux qui ont entre quinze et vingt ans,

- ceux qui ont entre vingt ans et soixante ans,
- En plus, ils veulent évangéliser :
- les Africains partout dans le continent
- les Américains
- les Indiens
- les Chinois
- les Russes
- les Australiens,
- etc.

De plus, ils veulent évangéliser :

les hommes illettrés du monde entier :

- ceux qui ont le niveau de l'école primaire,
- ceux qui ont le niveau du secondaire,
- les licenciés,
- les docteurs,
- les soldats,
- les marins,
- les pilotes,
- les hommes d'affaires,
- les banquiers,
- les diplomates,
- les attardés mentaux,
- etc.,

du monde entier.

En plus, ils veulent implanter des églises dans chaque

- village,
- ville,
- nation,
- continent.

En plus, ils veulent servir comme

- apôtres,
- prophètes,
- évangélistes,
- pasteurs,
- docteurs,
- ceux qui ont les dons des guérisons,
- ceux qui ont les dons des miracles,
- etc., dans chacune de ces églises.

Ces mêmes croyants pourraient vouloir construire

- des écoles,
- des hôpitaux,
- des orphelinats,
- des bornes-fontaines,
- des fermes,
- etc.,

pour la gloire de Dieu et pour la bénédiction de l'homme.

Il n'y a pas de doute que tout individu qui s'engagerait à faire toutes ces choses pour la gloire de Dieu échouera, quelle que soit sa sincérité. Il échouera, même s'il travaille très dur. Il échouera, même s'il y met toute chose. Il est engagé à tout faire d'une façon générale. Il a déjà échoué même avant de commencer.

DIEU DONNE DES TACHES SPÉCIFIQUES AUX INDIVIDUS

L'apôtre Paul avait reconnu le fait que l'apôtre Pierre et lui étaient appelés à des sphères différentes dans le ministère spirituel. Il dit :

"Au contraire, voyant que l'Evangile m'avait été confié pour les incirconcis, comme à Pierre pour les circoncis, - car celui qui a fait de Pierre l'apôtre des circoncis a aussi fait de moi l'apôtre des païens, - et ayant reconnu la grâce qui m'avait été accordée, Jacques, Céphas et Jean, qui sont regardés comme des colonnes, me donnèrent, à moi et à Barnabas, la main d'association, afin que nous allassions, nous vers les païens, et eux vers les circoncis" (Galates 2:7-9).

Ainsi, Paul était un apôtre pour les incirconcis et Pierre un apôtre pour les circoncis. Ils demeurèrent dans les limites de leurs ministères.

Du fait que Paul était un apôtre pour les païens, il ne faisait que ce qui était l'oeuvre d'un apôtre. Par exemple il avait dit aux Romains:

"Pour ce qui vous concerne, mes frères, je suis moi-même persuadé que vous êtes pleins de bonnes dispositions, remplis de toute connaissance, et capables de vous exhorter les uns les autres. Cependant, à certains égards, je vous ai écrit avec une sorte de hardiesse, comme pour réveiller vos souvenirs, à cause de la grâce que Dieu m'a faite d'être ministre de Jésus-Christ parmi les païens, m'acquittant du divin service de l'Evangile de Dieu, afin que les païens lui soient une offrande agréable, étant sanctifiée par l'Esprit-Saint. J'ai donc sujet de me glorifier en Jésus-Christ, pour ce qui regarde les choses de Dieu. Car je n'oserais mentionner aucune chose que Christ n'ait pas faite par moi pour amener les païens à l'obéissance, par la parole et par les actes, par la puissance des miracles et des prodiges, par la puissance de l'Esprit de Dieu, en sorte que, depuis Jérusalem et les pays voisins jusqu'en Illyrie, j'ai abondamment répandu l'Evangile de Christ. Et je me suis fait honneur d'annoncer l'Evangile là où Christ n'avait point été nommé, afin de ne pas bâtir sur le fondement d'autrui, selon qu'il est écrit : Ceux à qui il n'avait point été annoncé verront, et ceux qui n'en avaient point entendu parler comprendront.

C'est ce qui m'a souvent empêché d'aller vers vous. Mais maintenant, n'ayant plus rien qui me retienne dans ces contrées, et ayant depuis plusieurs années le désir d'aller vers vous, j'espère vous voir en passant, quand je me rendrai en Espagne, et y être accompagné par vous, après que j'aurai satisfait en partie mon désir de me trouver chez vous" (Romains 15:14-24).

Nous voyons ici que Paul fit l'oeuvre d'un apôtre. Il ne pouvait pas quitter ces contrées alors qu'il y avait encore un travail apostolique à accomplir. Après que l'oeuvre apostolique a été accomplie, il n'y eut plus de place pour son travail, bien qu'il y ait encore du travail à faire dans ces contrées par d'autres ministres. Il pouvait alors quitter ces régions pour aller visiter l'église de Rome qu'il avait longtemps désiré voir, mais n'avait pas pu le faire. Il n'y resta pas pour accomplir l'oeuvre d'un pasteur parmi ces gens. Nous allons illustrer ce que nous essayons de dire par l'image d'une forêt qui doit être transformée en plantation. Plusieurs machines sont nécessaires. On a besoin de bulldozers pour abattre et déraciner les arbres et pour creuser la terre. Après cela, on aura besoin d'un autre genre d'engin pour semer et d'un autre pour moissonner. Si le bulldozer qui était nécessaire pour abattre les arbres et pour faire le travail initial de labour revient plus tard pour désherber, il détruira tout, car il n'est pas fait pour désherber. D'autre part, si quelqu'un essayait d'abattre des arbres et de creuser la terre avec le désherbeur ou la moissonneuse, ces machines seraient détruites et le travail ne serait pas fait.

Prenons une autre illustration. Si le frigidaire décide de servir comme cuisinière, il y aura des problèmes, ou bien si le sol de la maison décidait de devenir la toiture, il y aurait une infinité de problèmes. Ou bien si l'œil décidait de servir à la place des pieds, il y aurait des problèmes indescriptibles.

Dieu a des tâches spécifiques pour chaque croyant. La nature de la tâche n'est pas le facteur qui rend une personne importante ou non devant Dieu. La différence se trouve dans la qualité du service. L'apôtre Paul dit "Qu'est-ce donc qu'Apollos, et qu'est-ce que Paul

> " *Des serviteurs, par le moyen desquels vous avez cru, selon que le Seigneur l'a donné à chacun. J'ai planté, Apollos a arrosé, mais Dieu a fait croître, en sorte que ce n'est pas celui qui plante qui est quelque chose, ni celui qui arrose, mais Dieu qui fait croître. Celui qui plante et celui qui arrose sont égaux, et chacun recevra sa propre récompense selon son propre travail*" (1 Corinthiens 3:5-8).

L'apôtre dit que chacun doit servir selon l'appel spécifique du Seigneur pour sa vie. Le service doit se faire selon l'appel du Seigneur. Il ne peut pas être basé sur les ambitions vaines de l'homme, ou sur les circonstances, etc., et cependant réjouir le cœur de Dieu. Si le service n'est pas fait selon que le Seigneur l'a donné, il sera fait selon que la chair l'a donné, et ceci est désapprouvé par le Seigneur.

Peut-être que tous ceux qui pensent qu'ils sont en train de servir le Seigneur devraient s'arrêter et se demander: "Est-ce vraiment le Seigneur qui m'a établi dans ce service ? N'y ai-je pas été établi par ma cupidité, ma soif de célébrité, mon désir pour les richesses, mon orgueil, etc. "

Tout service qui n'est pas fait selon l'appel divin ne sera pas récompensé. Ceux qui servent de cette façon-là recevront plutôt plusieurs coups pour avoir causé la confusion dans l'oeuvre du Seigneur en allant là où le Seigneur ne les avait pas envoyés.

LA TACHE SPÉCIFIQUE ASSIGNÉE DE CHAQUE VIE DOIT ETRE CONNUE

Nous sommes pleinement persuadés que Dieu a assigné une tâche spécifique ou des tâches spécifiques à chacun de Ses enfants. Il a aussi donné un don spirituel ou des dons spirituels à chacun. La Bible dit

> *"Or, à chacun la manifestation de l'Esprit est donné pour l'utilité commune. En effet, à l'un est donnée par l'Esprit une parole de sagesse ; à un autre, une parole de connaissance, selon le même Esprit; à un autre, la foi, par le même Esprit; à un autre, le don des guérisons, par le même Esprit; à un autre, le don d'opérer des miracles; à un autre, la prophétie; à un autre, le discernement des esprits; à un autre la diversité des langues; à un autre, l'interprétation des langues. Un seul et même Esprit opère toutes ces choses, les distribuant à chacun en particulier comme il veut"* (1 Corinthiens 12:7-11).

Ainsi, le Saint-Esprit distribue à chacun individuellement comme Il (Le Saint-Esprit) le veut. Il ne distribue pas selon les désirs ou les caprices de l'individu concerné. Il est souverain.

La Bible dit encore:

> *"Et Dieu a établi dans l'Eglise premièrement des apôtres, secondement des prophètes, troisièmement des docteurs, ensuite ceux qui ont le don des miracles, puis ceux qui ont les dons de guérir, de secourir, de gouverner, de parler diverses langues"* (1 Corinthiens 12:28).

La Bible dit encore :

"Et il a donné les uns comme apôtres, les autres comme prophètes, les autres comme évangélistes, les autres comme pasteurs et docteurs" (Ephésiens 4:11).

Ainsi, nous voyons à nouveau que le ministère est selon le choix de Dieu. C'est un don de Dieu à Son Eglise. Ce n'est pas à cause de quelque chose que certains individus ont en eux-mêmes. Nul ne peut faire quoi que ce soit qui poussera Dieu à le récompenser en faisant de lui un apôtre ou un prophète, etc. Il faut que ce soit Dieu qui l'établisse.

Chaque croyant reçoit de Dieu un appel pour servir Ses intérêts sur la planète Terre. Ce choix a été fait depuis la fondation du monde. Le devoir de chaque individu est de connaître :

- ce à quoi Dieu l'a appelé,
- là où il a été appelé à le faire ;
- comment Dieu veut qu'il le fasse ;
- quand Dieu veut qu'il le fasse ;
- pour combien de temps il devra le faire, et
- avec qui cela doit être fait.

Chaque croyant a donc le devoir sacré de découvrir le

- "Quoi",
- "Où",
- "Comment",
- "Quand"
- "Avec qui "
- "Pour combien de temps "
- etc.,

de ce pour lequel Dieu l'a établi.

Chaque croyant peut connaître ces choses, car Dieu est engagé à guider Ses enfants. En fait, il est engagé à leur montrer ce qu'Il veut qu'ils fassent et à leur donner tous les détails dont ils ont besoin. Nous étudierons ce thème dans un autre livre. Qu'il nous suffise de dire pour le moment que ceux qui veulent sincèrement connaître la volonté de Dieu afin de l'accomplir à Sa manière et pour Sa gloire, seront conduits à connaître cette volonté. Il y a des promesses claires à cet effet, des promesses qui ne peuvent jamais échouer. Le Seigneur dit:

> *"Je t'instruirai et te montrerai la voie que tu dois suivre ; je te conseillerai, j'aurai le regard sur toi. Ne soyez pas comme un cheval ou un mulet sans intelligence; on les bride avec un frein et un mors, dont on les pare, afin qu'ils ne s'approchent point de toi"* (Psaume 32:8-9).

La Bible dit :

> *"Il conduit les humbles dans la justice, il enseigne aux humbles sa voie. Tous les sentiers de l'Eternel sont miséricorde et fidélité, pour ceux qui gardent son alliance et ses commandements"* (Psaume 25:9-12).

La prière :

> *"Eternel ! fais-moi connaître tes voies, enseigne-moi tes sentiers. Conduis-moi dans ta vérité, et instruis-moi, car tu es le Dieu de mon salut, tu es toujours mon espérance"* (Psaume 25:4-5),

est nécessaire.

Lorsque ce que Dieu nous a donné à faire nous est révélé, alors l'accomplissement de cette chose doit devenir notre raison de vivre. Nous devons alors abandonner toute autre chose pour nous y consacrer. Nous ne devons nous tourner ni à droite, ni à gauche.

Les gens du monde connaissent très bien cela. Ceux qui réussissent se livrent à un seul but directeur, pas à deux.

Quand Dieu appelle un homme et lui donne un travail à faire, ce travail doit être le but directeur de sa vie. Il ne doit avoir qu'un seul but directeur, celui auquel Dieu l'a appelé. Il doit l'avoir clairement devant lui, et il doit y travailler nuit et jour, jusqu'à ce qu'il soit accompli. Il ne doit pas se tourner vers d'autres buts même s'ils sont bons. Il ne doit pas se tourner vers d'autres buts même s'ils sont très bons. Il doit demeurer sur ce à quoi Dieu l'a appelé. Il pourrait aimer ou ne pas aimer ce à quoi Dieu l'a appelé. Cependant, dès qu'il est sûr que c'est ce à quoi Dieu l'a appelé, il doit s'y accrocher et y travailler parce que c'est ce qu'il y a de meilleur à faire pour lui sur terre.

3

LES GENS DU MONDE ÉTABLISSENT DES BUTS ET TRAVAILLENT POUR LES ACCOMPLIR

L es gens du monde connaissent l'importance qu'il y a à établir des buts et à travailler dur pour les accomplir. Ils savent ce que c'est qu'un engagement coûteux. Voici ci dessous l'engagement d'un étudiant Américain au Communisme. Il est suivi par l'engagement d'un jeune Africain qui avait pour but de devenir le premier ministre de son pays.

"Nous, communistes, connaissons un pourcentage de pertes très élevé. Nous sommes ceux qu'on fusille, pend, lynche, passe au goudron, couvre de plumes, emprisonne, calomnie, ridiculise, destitue de leurs emplois et à qui l'on rend la vie impossible de mille manières. Un certain nombre parmi nous est tué ou emprisonné. Nous vivons pratiquement dans la pauvreté. Nous destinons au parti tous les centimes que nous gagnons au-delà de ce qui nous est absolument nécessaire pour subsister. Nous Communistes, n'avons pas de temps ni d'argent à consacrer à plusieurs spectacles, concerts, dîners, à de maisons décentes et à de nouvelles voitures. On dit que nous sommes fanatiques. On a raison, nous le sommes. Notre vie est dominée par

une seule et grande vision : *LE TRIOMPHE DU COMMU-NISME MONDIAL.*

Nous Communistes avons une philosophie de la vie que tout l'or du monde ne pourrait acheter. Nous avons une cause pour laquelle nous combattons, un but précis dans la vie. Nous subordonnons notre personne insignifiante à un grand mouvement de l'humanité; et si notre existence semble difficile, si notre moi profond semble devoir souffrir à cause de notre soumission au parti, nous sommes pourtant amplement récompensés par la pensée que chacun de nous, pour sa petite part, contribue à l'avènement de quelque chose de nouveau, de vrai, et de meilleur pour le genre humain. Il n'y a qu'une chose qui compte pour moi dans la vie, c'est la cause du communisme. C'est tout à la fois ma vie, mon travail, ma religion, mon passe-temps, ma bien-aimée, ma femme, ma maîtresse, ma nourriture, mon breuvage.

J'y travaille tout le jour et j'en rêve la nuit. Son emprise sur moi, loin de diminuer, augmente avec le temps. C'est pourquoi je ne puis m'engager dans une amitié, une affaire de coeur, ou même une simple conversation sans la mettre en relation avec cette force qui tout à la fois conduit et oriente ma vie. J'évalue les gens, les livres, les idées et les actes d'après l'effet qu'ils ont sur la cause du communisme et leur attitude à son égard. J'ai déjà été mis en prison pour mes idées et si c'était nécessaire, je suis prêt à faire face à un peloton d'exécution"

— TIRÉ DU LIVRE : LE VRAI DISCIPLE
PAR WILLIAM MACDONALD

"J'étais arrivé à la grande décision de ma vie : Dévouer toutes mes énergies à la politique afin de devenir Premier Ministre. On comprendra que j'étais en train de faire une volte-face complète à mes habitudes personnelles, à mon code de conduite, même à mes principes éthiques et culturels. Je ne pouvais plus me contenter de faire autant que possible ce qui me plaisait et le moins possible ce qui me déplaisait ou m'ennuyait. Dans un sens, j'étais en train d'expéri-

menter une conversion profonde. La vie devant moi à présent était une vie d'abnégation personnelle et de sacrifice personnel. Je devais abandonner plusieurs choses qui, bien qu'étant innocentes en elles-mêmes, pourraient obstruer la cause qui allait devenir pour moi le but de ma vie. Je devrais délibérément juger chacune de mes actions et décisions à partir d'un principe déterminé : Pourra-t-elle me rapprocher davantage de mon but" Dans mon habillement,

mon langage,

mes habitudes,

je devrais prêcher mon évangile, même si cela signifiait que je devais faire les choses d'une façon qui me paraisse incommode et même détestable"

— WILLIAM CONTON DANS THE AFRICAN

Les deux hommes, venant d'un arrière-plan très différent, et ayant de buts très différents ont tout de même en commun les choses suivantes :

1. Un but clair
2. Un but assez grand pour englober toute autre ambition moindre.
3. Un engagement total à voir le but s'accomplir à n'importe quel prix.
4. Une union totale entre le but et eux, de telle manière qu'il est devenu pour eux le sens même de l'existence.
5. Une acceptation précise de payer sans se plaindre le prix suprême pour que le but soit accompli.
6. Une profonde assurance bien ancrée en eux qu'ils ont raison et qu'ils réussiront.

Nous pouvons citer un autre exemple, celui de l'homme *Bami-léké* qui s'installe dans une nouvelle ville pour chercher de l'argent. Il y met de son tout. Il travaille à cela nuit et jour. Il y met toute son énergie. Il n'a pas de temps pour le football, les femmes, la politique, etc. Il veut une seule chose : l'argent, et très souvent il réussit !

4

LES BUTS DOIVENT ÊTRE ÉTABLIS SELON L'APPEL DE DIEU, ET ÊTRE ENSUITE ACCOMPLIS

Quand Dieu appela Saul de Tarse et lui révéla ce qu'il devait faire pour Lui, Saul établit alors les buts de sa vie afin d'accomplir ce à quoi il avait été appelé. Il établit des buts clairs qui lui permettraient d'accomplir le but.

Il avait établi des buts dans le domaine de ce qu'il devait être, et il en avait établi dans le domaine de ce qu'il devait faire, afin que ce qu'il devait être puisse l'aider à accomplir ce qu'il devait faire.

Il devait connaître Christ.

Il devait être comme Lui.

Il devait faire ce que Christ lui avait demandé de faire.

Il dit :

"... afin de connaître Christ, et la puissance de sa résurrection, et la communion de ses souffrances, en devenant conforme à lui dans sa

mort, pour parvenir, si je puis, à la résurrection d'entre les morts"
(Philippiens 3:10-11).

Ainsi, il devait connaître Christ et être comme Lui. En ce qui concerne le service à l'endroit de Christ, il dit :

"Et je me suis fait honneur d'annoncer l'Evangile là où Christ n'avait point été nommé, afin de ne pas bâtir sur le fondement d'autrui, selon qu'il est écrit : Ceux à qui il n'avait point été annoncé verront, et ceux qui n'en n'avaient point entendu parler comprendront" (Romains 15:20-21).

Ayant établi ses buts, il considéra le prix à payer, décida de le payer, et entreprit de le payer.

1. IL DEVINT UN HOMME ENDETTÉ.

Il dit :

"Je me dois aux Grecs et aux barbares, aux savants et aux ignorants." (Romains 1:14).

Après qu'un homme a reçu son appel du Seigneur et a élaboré ce qu'il doit faire pour l'accomplir, il se rendra compte qu'il se doit à Dieu et à l'homme. Il est endetté envers Dieu qui l'a appelé et envers l'homme qu'il doit servir.

2. IL AVAIT UN VIF DÉSIR D'ANNONCER L'EVANGILE.

Il dit

"Ainsi, j'ai un vif désir de vous annoncer aussi l'Evangile, à vous qui êtes à Rome" (Romains 1:15).

L'appel de Dieu te poussera à avoir un vif désir de faire ce à quoi Il t'a appelé.

3. IL SE CONSIDÉRA COMME ÉTANT SOUS MALÉDICTION S'IL NE TRAVAILLAIT PAS POUR ACCOMPLIR CE À QUOI DIEU L'AVAIT APPELÉ.

Il dit :

> *"Si j'annonce l'Evangile, ce n'est pas pour moi un sujet de gloire, car la nécessité m'en est imposée, et malheur à moi si je n'annonce pas l'Evangile ! Si je le fais de bon coeur, j'en ai la récompense ; mais si je le fais malgré moi, c'est une charge qui m'est confiée"* (1 Corinthiens 9:16).

Lorsque tu as reçu du Seigneur ce que tu dois faire pour Lui, malheur à toi si tu ne le fais pas ! Comprends-tu ? Nous disons que lorsque tu as reçu du Seigneur ce qu'Il veut que tu fasses pour Lui, malheur à toi si tu ne le fais pas !

4. IL DEVINT TOUT POUR TOUS LES HOMMES AFIN D'ACCOMPLIR SON BUT.

Il dit :

> *"Car, bien que je sois libre à l'égard de tous, je me suis rendu le serviteur de tous, afin de gagner le plus grand nombre. Avec les Juifs, j'ai été comme Juif, afin de gagner les Juifs; avec ceux qui sont sous la loi, comme sous la loi (quoique je ne sois pas moi-même sous la loi), afin de gagner ceux qui sont sous loi ; avec ceux qui sont sans loi, comme sans loi (quoique je ne sois point sans la loi de Dieu, étant sous la loi de Christ), afin de gagner ceux qui sont sans loi. J'ai été faible avec les faibles, afin de gagner les faibles. Je me suis fait tout à tous, afin d'en sauver de toute manière quelques-uns"* (1 Corinthiens 9:19-22).

Quand un homme a reçu l'appel de Dieu pour sa vie et qu'il a établi les buts qui vont l'aider à accomplir ce à quoi Dieu l'a appelé, il est prêt à être n'importe quoi afin d'accomplir ce but. Il est prêt et il acceptera de devenir effectivement esclave de tous les hommes afin de réussir. Il sera prêt à devenir toute chose pour tous les hommes afin que le but soit atteint. Il abandonnera ses préjugés et ses inclinations naturelles. Il fera tout ce qui peut être fait pour réussir. Il posera deux questions devant toute action:

1. Cela m'aidera-t-il à accomplir mon but ?
2. Cette action qui m'aidera à accomplir mon but, puis-je l'entreprendre sans pécher contre le Seigneur d'une manière ou d'une autre ?

Toute action qui l'aidera à accomplir son but sans pécher sera entreprise sans relâche.

5. IL NE CHERCHA PAS SON PROPRE AVANTAGE.

Il dit : "de la même manière que moi aussi je m'efforce en toutes choses de complaire à tous, cherchant, non mon avantage, mais celui du plus grand nombre, afin qu'ils soient sauvés" (1 Corinthiens 10:33). Il te faudra abandonner la recherche de tes intérêts personnels en toutes choses afin de réussir.

6. IL TRAVAILLA DUR.

Il dit :

"J'ai travaillé plus qu'eux tous, non pas moi toutefois, mais la grâce de Dieu qui est avec moi" (1 Corinthiens 15:10).

"C'est à quoi je travaille, en combattant avec sa force, qui agit puissamment en moi." (Colossiens 1:29).

"Nous travaillons, en effet, et nous combattons, parce que nous mettons notre espérance dans le Dieu vivant, qui est le Sauveur de tous les hommes, principalement des croyants" (1 Timothée 4:10).

Il te faudra travailler dur, très dur, extrêmement dur. Toutes choses pourraient dépendre du travail dur. Nul ne peut accomplir l'appel de Dieu dans sa vie sans un travail dur extrême. Tous les paresseux ont déjà échoué. Ceux qui réussissent travaillent, ils luttent, ils combattent.

7. IL SACRIFIA TOUTES CHOSES, SANS S'EN SOUCIER.

Il dit :

"Mais ces choses qui étaient pour moi des gains, je les ai regardées comme une perte, à cause de Christ. Et même je regarde toutes choses comme une perte, à cause de l'excellence de la connaissance de Jésus-Christ mon Seigneur, pour lequel j'ai renoncé à tout, et je les regarde comme de la boue, afin de gagner Christ..." (Philippiens 3:7-8).

Ceux qui réussissent savent qu'aucun prix à payer n'est trop élevé pour réussir. Ils sont déterminés à réussir à tout prix.

8. IL PERSÉVÉRA ET ALLA DE L'AVANT.

Il dit :

"Ce n'est pas que j'aie déjà remporté le prix ou que j'aie déjà atteint la perfection ; mais je cours, pour tâcher de le saisir, puisque moi aussi j'ai été saisi par Jésus-Christ. Frères, je ne pense pas l'avoir saisi ; mais je fais une chose : oubliant ce qui est en arrière et me

portant vers ce qui est en avant, je cours vers le but, pour remporter le prix de la vocation céleste de Dieu en Jésus-Christ" (Philippiens 3:12-14).

Toute sa vie consistait à courir de l'avant, à peiner à courir vers le but. Il ne se relaxa pas. Il ne ralentit pas. Il ne regarda point en arrière. Son coeur était fixé et ses yeux étaient fixés. Il ne voyait qu'une seule chose : le but ; et il s'y adonna.

Ceux qui doivent réussir devront y mettre l'énergie physique, nerveuse, l'énergie émotionnelle et au-delà de tout, l'énergie spirituelle.

9. IL SOLLICITA ET REÇUT TOUTE L'AIDE QU'IL POUVAIT AVOIR DES AUTRES.

Il était suffisamment humble pour demander de l'aide. Il choisit aussi soigneusement tous les domaines dans lesquels demander de l'aide. Il bâtit une équipe pour l'aider à réussir. Il demandait constamment qu'on le soutienne dans la prière. Il leur donnait des sujets de prière. A une occasion, il écrivit :

"Persévérez dans la prière, veillez-y avec actions de grâces. Priez en même temps pour nous, afin que Dieu nous ouvre une porte pour la Parole, en sorte que je puisse annoncer le mystère de Christ, pour lequel je suis dans les chaînes, et le faire connaître comme je dois en parler" (Colossiens 4:2-4).

A une autre occasion, il écrivit :

"Faites en tout temps par l'Esprit toutes sortes de prières et de supplications. Veillez à cela avec une entière persévérance, et priez pour tous les saints. Priez pour moi, afin qu'il me soit donné, quand j'ouvre la bouche, de faire connaître hardiment et librement le mystère de l'Evangile, pour lequel je suis ambassadeur dans les

chaînes, et que j'en parle avec assurance comme je dois en parler" (Ephésiens 6:18-20).

Il avait des individus comme co-ouvriers : Luc, Timothée, Tite, Marc, etc. Il avait des assemblées locales comme co-ouvrières. Il écrivit à l'église de Philippe, disant :

"Vous le savez vous-mêmes, Philippiens, au commencement de la prédication de l'Evangile, lorsque je partis de la Macédoine, aucune Eglise n'entra en compte avec moi pour ce qu'elle donnait et recevait ; vous fûtes les seuls à le faire, car vous m'envoyâtes déjà à Thessalonique, et à deux reprises, de quoi pourvoir à mes besoins" (Philippiens 4:15-16).

Il travaillait avec des gens et avec lds églises, mais il s'assurait que sa confiance finale fût dans le Seigneur et non dans ses aides ou ses co-ouvriers. Lorsque Démas qui avait précédemment été un co-ouvrier rétrograda, il en ressentit la douleur, mais continua à poursuivre le but. Lorsque tous en Asie rétrogradèrent et l'abandonnèrent, il ressentit l'agonie de cela, mais continua à travailler pour l'accomplissement de son but.

Tous ceux qui veulent réussir chercheront des co-ouvriers. Ils les recruteront. Ils les encourageront. Ils partageront la vision avec eux. Ils les formeront. Ils recevront d'eux de l'aide et n'auront pas honte de leur exposer (aux co-ouvriers) leurs besoins. Cependant, ils dépendront d'une manière absolue du Seigneur qui ne peut les décevoir.

10. IL S'IMPOSA UNE DISCIPLINE SANS MÉNAGEMENT.

Il écrivit:

"Ne savez-vous pas que ceux qui courent dans le stade courent tous, mais qu'un seul remporte le prix ? Courez de manière à le remporter. Tous ceux qui combattent s'imposent toute espèce d'abstinences, et ils le font pour obtenir une couronne corruptible; mais nous, faisons-le pour une couronne incorruptible. Moi donc, je cours, non pas comme à l'aventure ; je frappe, non pas comme battant l'air. Mais je traite durement mon corps et je le tiens assujetti, de peur d'être moi-même rejeté, après avoir prêché aux autres" (1 Corinthiens 9:24-27).

Il savait que son corps était un serviteur qu'il fallait discipliner et utiliser. Il savait aussi que s'il ne disciplinait pas son corps, ce dernier serait un obstacle pour son succès. Il s'imposa donc toutes sortes d'abstinences en toutes choses. Il ne se laissa aller à aucune indulgence quelconque.

Ceux qui accomplissent leurs buts sont ceux qui s'imposent une discipline austère dans leurs corps et dans tous les domaines. Ils savent bien que tout athlète qui ne s'impose pas la discipline a décidé d'échouer dans la course.

10. IL AVAIT L'ASSURANCE QU'IL ACCOMPLIRAIT SON BUT.

Il dit aux anciens d'Ephèse:

"Mais je ne fais pour moi-même aucun cas de ma vie, comme si elle m'était précieuse, pourvu que j'accomplisse ma course avec joie, et le ministère que j'ai reçu du Seigneur Jésus, d'annoncer la bonne nouvelle de la grâce de Dieu" (Actes 20:24).

Avant de mourir il avait effectivement accompli ce que Dieu lui avait donné à faire. Il écrivit:

"J'ai combattu le bon combat, j'ai achevé la course, j'ai gardé la foi" (2 Timothée 4:7).

Il n'y avait aucun sens de regret. Il n'y a avait aucun désir de continuer pour achever la tâche. Elle était achevée. Il est dit de Jean-Baptiste:

"Et lorsque Jean achevait sa course, il disait: Je ne suis pas celui que vous pensez ; mais voici, après moi vient celui des pieds duquel je ne suis pas digne de délier les souliers" (Actes 13:25).

Il était en train d'achever sa course. Il n'avait pas encore tout à fait achevé, mais il était bien avancé. Nous savons que Moïse n'avait pas accompli le but qui lui avait été donné, celui de conduire les enfants d'Israël dans la terre promise. Il était arrivé très proche de son accomplissement, mais il échoua et il fut disqualifié, et quelqu'un d'autre fut choisi pour accomplir la tâche qu'il aurait dû accomplir. Quiconque veut accomplir les buts spirituels doit y travailler à la manière de Dieu et marcher proche de Dieu afin qu'il lui soit permis d'achever le ministère qu'il a reçu du Seigneur Jésus.

12. IL Y MIT TOUTE CHOSE.

Il ne retint rien. Il était prêt à payer le prix ultime. Il dit qu'il ne faisait de sa vie aucun cas pourvu qu'il achève sa course et le ministère qui lui avait été confié. Il était prêt à réussir même au prix de sa propre vie. Il souffrit atrocement, mais sans jamais se plaindre. Il savait que la souffrance était indispensable pour le succès et ainsi, il l'accepta avec joie. Jusqu'à quel degré avait-il souffert ? Il relata certaines de Ses souffrances comme suit :

"Je le suis plus encore : par les travaux, bien plus ; par les coups, bien plus; par les emprisonnements, bien plus. Souvent en danger de mort, cinq fois j'ai reçu des Juifs quarante coups moins un, trois fois j'ai été battu de verges, une fois j'ai été lapidé, trois fois j'ai fait naufrage,

j'ai passé un jour et une nuit dans l'abîme. Fréquemment en voyage, j'ai été en péril sur les fleuves, en péril de la part des brigands, en péril de la part de ceux de ma nation, en péril de la part des païens, en péril dans les villes, en péril dans les déserts, en péril sur la mer, en péril parmi les faux frères. J'ai été dans le travail et dans la peine, exposé à de nombreuses veilles, à la faim et à la soif, à des jeûnes multipliés, au froid et à la nudité. Et, sans parler d'autres choses, je suis assiégé chaque jour par les soucis que me donnent toutes les Eglises. Qui est faible, que je ne sois faible ? Qui vient à tomber, que je ne brûle ? (2 Corinthiens 11:23-29).

13. IL UTILISA TOUT CE QU'IL POUVAIT UTILISER AINSI QUE TOUTES LES MÉTHODES POSSIBLES.

Il dit :

"Nous ne donnons aucun sujet de scandale en quoi que ce soit, afin que le ministère ne soit pas un objet de blâme. Mais nous nous rendons à tous égards recommandables, comme serviteurs de Dieu, par beaucoup de patience :

dans les tribulations,

dans les calamités,

dans les détresses,

sous les coups,

dans les prisons,

dans les troubles,

dans les travaux,

dans les veilles,

dans les jeûnes;

par la pureté,

par la connaissance,

par la longanimité,

par la bonté,

par un esprit saint,

par une charité sincère,

par la parole de vérité,

par la puissance de Dieu,

par les armes offensives et défensives de la justice ;

au milieu de la gloire et de l'ignominie,

au milieu de la mauvaise et de la bonne réputation;

étant regardés comme imposteurs, quoique véridiques ;

comme inconnus, quoique bien connus ;

comme mourants, et voici nous vivons ;

comme châtiés, quoique non mis à mort ;

comme attristés, et nous sommes toujours joyeux; comme pauvres, et nous en enrichissons plusieurs;

comme n'ayant rien, et nous possédons toutes choses" (2 Corinthiens 6:3-10).

Il y mit toute chose. Est-ce étonnant qu'il ait réussi"

14. IL REFUSA D'ÊTRE DÉCOURAGÉ.

Il refusa d'abandonner. Il dit:

"C'est pourquoi, ayant ce ministère, selon la miséricorde qui nous a été faite, nous ne perdons pas courage" (2 Corinthiens 4:1).

"Nous sommes pressés de toute manière, mais non réduits à l'extrémité ; dans la détresse, mais non dans le désespoir ; persécutés, mais non abandonnés" (1 Corinthiens 4:8-9).

C'est pourquoi nous ne perdons pas courage. Et lors même que notre homme extérieur se détruit, notre homme intérieur se renouvelle de jour en jour. Car nos légères afflictions du moment présent produisent pour nous, au-delà de toute mesure, un poids éternel de gloire, parce que nous regardons, non point aux choses visibles, mais à celles qui sont invisibles ; car les choses visibles sont passagères, et les choses invisibles sont éternelles" (2 Corinthiens 4:16-18).

Il continua à dire :

"Nous sommes donc toujours pleins de confiance, et nous savons qu'en demeurant dans ce corps nous demeurons loin du Seigneur, -car nous marchons par la foi et non par la vue,- nous sommes pleins de confiance, et nous aimons mieux quitter ce corps et demeurer auprès du Seigneur" (2 Corinthiens 5:6-8).

Il s'accrocha au but. Il ne changea pas de course parce qu'elle devenait pénible. Il n'opta pas pour quelque chose en-dessous de ce à quoi le Seigneur l'avait appelé à cause des obstacles. Il conserva clairement le but et chercha les moyens de vaincre les difficultés.

Il sentait qu'il n'avait pas de choix. Il avait été chargé d'une commission. Il devait l'accomplir, même si cela devait lui coûter la vie.

Il était comme son bien-aimé Maître qui, toute sa vie, était dominé par un grand sens d'urgence. A l'âge de douze ans, Il demanda :

> "Ne saviez-vous pas qu'Il FAUT que je m'occupe des affaires de mon Père ? (Luc 2:49).

Plus tard, Il dit :

> "Il FAUT aussi que j'annonce aux autres villes la bonne nouvelle du royaume de Dieu ; car c'est pour cela que j'ai été envoyé" (Luc 4:43).

> "Il FAUT que je fasse, tandis qu'il est jour, les oeuvres de celui qui m'a envoyé ; la nuit vient, où personne ne peut travailler" (Jean 9:4).

> "J'ai encore d'autres brebis, qui ne sont pas de cette bergerie ; celles-là, il FAUT que je les amène ; elles entendront ma voix, et il y aura un seul troupeau, un seul berger" (Jean 10:16).

> "Zachée, hâte-toi de descendre ; car il FAUT que je demeure aujourd'hui dans ta maison" (Luc 19:5). "Alors il commença à leur apprendre qu'il FALLAIT que le Fils de l'homme souffrît beaucoup, qu'il fût rejeté par les anciens, par les principaux sacrificateurs et par les scribes, qu'il fût mis à mort, et qu'il ressuscitât trois jours après" (Marc 8:31).

Le Seigneur n'avait pas de temps pour les choses facultatives. Il n'avait de temps que pour la volonté de Son père, et cette volonté, Il l'appelait Sa nourriture :

> "Ma nourriture est de faire la volonté de celui qui m'a envoyé, et d'accomplir son oeuvre" (Jean 4:34).

Il ne voulait pas seulement faire la volonté de Son Père, Il voulait aussi l'accomplir. Il l'accomplit effectivement, car, avant la croix, Il déclara :

> *"Je t'ai glorifié sur la terre, j'ai achevé l'oeuvre que tu m'a donnée à faire." (Jean 17:4).*

Et de la croix, Il déclara avec une note de victoire :

> *"Tout est accompli" (Jean 19:30),*

ensuite, il baissa la tête et expira.

Il avait travaillé pour accomplir ce pour quoi Il était venu. Il avait consacré Son temps uniquement à cela. Il avait laissé de côté toutes les autres choses importantes telles que le développement économique et social, la politique et le gouvernement, les problèmes raciaux, et S'était cramponné à ce qui était Sa tâche unique, ce qui était pour lui une obligation, ce qu'Il ne pouvait pas laisser de côté. Ainsi, Il donna Son tout à Son unique but et en fit un succès.

5

A L'AIDE ! AUX AIDES !!

Dieu n'a pas appelé un grand nombre de gens à initier des choses. Il a cependant appelé plusieurs personnes à être des aides.

L'aide recevra la même récompense que celui qu'il aide, pourvu que tous deux soient fidèles. Le Seigneur Jésus dit:

"Celui qui vous reçoit me reçoit, et celui qui me reçoit, reçoit celui qui m'a envoyé. Celui qui reçoit un prophète en qualité de prophète recevra une récompense de prophète, et celui qui reçoit un juste en qualité de juste recevra une récompense de juste" (Matthieu 10:40-41).

Si mille personnes aident fidèlement un prophète, les mille personnes recevront chacune une récompense de prophète.

Tu pourrais demander au Seigneur de te montrer ce que tu dois faire pour Lui, et Il pourrait t'envoyer vers quelqu'un. Il pourrait te dire : "Va vers Mr..X. et il te dira ce que tu dois faire." Il pourrait te dire : Va et deviens l'aide de Mr. Untel. Il se pourrait aussi que Mr. Untel t'invite à venir l'aider ou bien tu pourrais te sentir attiré par ce qu'il est en train de faire. Ou encore tu pourrais te rendre compte que Dieu ne t'a rien donné de spécifique à faire de toi-même. Dieu guidera chaque aide vers quelqu'un qu'il doit aider. Il pourrait utiliser diverses méthodes, mais celui qui marche proche de Lui saura que Dieu l'a appelé à un ministère d'aide et il saura aussi qui en particulier il doit aider.

Si tu as été appelé à aider quelqu'un, il faut que tu te décides à le faire. C'est malhonnête de passer pour aide alors que tout ce que tu fais est d'essayer d'utiliser la personne pour te faire un nom. Tous les aides doivent totalement mettre de côté leurs propres plans et faire des plans de celui qu'ils aident leurs plans. Ils auront un but directeur, et ce sera d'aider cette personne à être tout ce que Dieu l'a appelée à être, et tout ce que Dieu veut qu'elle soit.

Les aides poseront une seule question : Que puis-je faire pour apporter la plus grande contribution possible à la réussite de ce projet pour la gloire de Dieu ? Ils feront alors des plans qui leur permettront d'être tout ce qu'ils peuvent être, et d'investir tout ce qu'ils sont capables d'investir pour s'assurer que le projet réussisse. La personne qu'ils sont en train d'aider peut leur confier un aspect du projet. Ils y déverseront tout d'eux-mêmes et travailleront pour s'assurer que cela réussisse. Cependant, ils travailleront pour s'assurer que cela réussisse, non comme une entité séparée, mais comme une partie du tout. Ils veilleront constamment à toute manifestation de la vie du "moi".

Ils aimeront profondément la personne qu'ils sont en train d'aider et lui seront très loyaux. A défaut de ces deux caracté-ristiques, ils ne lui seront d'aucune aide. Ils seront un problème pour elle. Ils l'aimeront et lui seront loyaux, bien qu'elle ne soit pas parfaite. Ils reconnaîtront l'appel de Dieu dans sa vie et son engagement total à cet appel, et c'est tout ce dont ils ont besoin pour l'aimer et pour lui être loyaux. Ils se considéreront ses serviteurs, oui, ses esclaves. Cela semble-t-il étrange ? N'est-ce pas trop exiger de quelqu'un que de lui demander d'être l'esclave d'un autre être humain ? Eh bien, regardons ce que le Seigneur Jésus dit à ce propos:

> "Vous savez que les chefs des nations les tyrannisent, et que les grands les asservissent. Il n'en sera pas de même au milieu de vous. Mais quiconque veut être grand parmi vous, qu'il soit votre serviteur; et quiconque veut être le premier parmi vous, qu'il soit votre esclave. C'est ainsi que le Fils de l'homme est venu, non pour être servi, mais pour servir et donner sa vie comme la rançon de plusieurs" (Matthieu 20:22-28).

Tu peux donc voir que si tu décides réellement de devenir l'esclave de quelqu'un, tu as décidé d'être le premier dans le Royaume des cieux. Ceux qui ont un véritable esprit d'esclave sont ceux qui ont fait beaucoup de progrès dans l'Ecole de la Mort au "Moi". Ils ont mis une personne, c'est-à-dire eux-mêmes, sous contrôle. Ils peuvent maintenant servir d'esclaves à une autre personne, et dans le Royaume, on leur donnera plusieurs personnes à gouverner, car ils auront appris l'art de la soumission et de la maîtrise du "moi".

C'est un grand honneur que d'être l'esclave de quelqu'un. C'est être comme le Seigneur Jésus qui devint l'esclave de l'homme et alla mourir sur la croix de la mort la plus ignoble, afin de sauver l'homme. Dans quelles profondeurs le Seigneur ne S'est-Il pas plongé afin qu'Il puisse servir ? Qui a-t-Il refusé de servir ? N'était-Il pas le serviteur des lépreux, des prostituées, des collecteurs d'impôts, etc. ?

Si tu te décides à servir, sers effectivement. Il faut que l'aide se donne à 100 % au projet, donne tout ce qu'il possède à

100%, planifie de donner tout ce qu'il acquerra dans le futur à 100 % au projet.

Il faut que l'aide donne

- son temps à 100 % au projet
- son énergie à 100 % au projet
- sa pensée à 100 % au projet
- sa volonté à 100 % au projet
- ses émotions à 100 % au projet.

Si l'aide retient une chose quelconque du projet, il a décidé de combattre le projet. Toute chose retenue du projet est automatiquement utilisée contre le projet.

Tous ceux qui sont engagés dans le projet doivent donner leur tout sans exception, au projet.

Tous ceux qui sont des aides doivent peser chaque chose en fonction de son impact sur le projet.

Tous ceux qui sont des aides doivent être prêts à payer le prix suprême pour s'assurer que le projet réussisse.

Tous ceux qui sont des aides doivent se séparer de tout péché à 100 %. Sinon, ils sont contre la réussite du projet.

Tous ceux qui sont des aides doivent avoir la foi:

- au Seigneur
- au projet
- en la personne qu'ils aident et
- en eux-mêmes.

Il faut qu'ils aient une assurance intérieure que le projet sera accompli à la gloire de Dieu.

Tous ceux qui sont des aides ne doivent rechercher aucune récompense de qui que ce soit sur terre. Ils savent qu'ils travaillent pour le Seigneur. Ils attendent Sa venue et s'attendent à Ses félicitations et à Sa récompense.

Tous ceux qui sont des aides doivent croire Dieu pour la réussite du projet, même dans des moments de détresse, d'épreuves et d'échec apparent.

Tous les aides doivent être prêts à souffrir et au besoin à mourir pour que le projet soit réalisé.

Tous les aides doivent s'engager à suivre celui qu'ils aident dans les nouvelles directions que le Seigneur montrera pour étendre, élargir et accroître la qualité de ce que le projet doit accomplir.

Tous les aides doivent considérer le projet comme étant le leur, leur ayant été donné par le Seigneur et ainsi, ils doivent y travailler avec réjouissance.

Tous les aides doivent être totalement emportés par le projet. Cependant, ils doivent brûler, avoir soif, languir et désirer le retour du Seigneur qu'ils servent et veulent désespérément voir.

Es-tu qualifié comme aide? Es-tu fidèle? Es-tu loyal?

Le meilleur exemple de co-ouvrier dans la Bible, c'est Josué. Il était très compétent. Il était un commandant militaire très compétent. Cependant, il servit pendant quarante ans comme serviteur de Moïse. Il resta complètement dans l'arrière plan. Il cherchait l'honneur de Moïse et il était jaloux pour Moïse. Il connut de profondes expériences avec Moïse, mais il ne chercha jamais à être mentionné. Il n'avait aucun désir de prendre la position de Moïse. Il n'avait jamais critiqué Moïse. Il était si loyal que c'était incontournable qu'il devienne le prochain dirigeant ; il le devint effectivement, alors que tous les autres qui défiaient Moïse, le critiquaient et voulaient sa place, furent éliminés par Dieu. Chaque croyant a quelque chose à apprendre de Josué. La voie la plus rapide pour atteindre le sommet passe par la loyauté. Elle passe par la fidélité et l'exaltation de ceux que le Seigneur nous a appelés à aider. Pendant que nous les soutenons et qu'ils s'élèvent, nous serons élevés avec eux. Si d'autre part, nous les tirons vers le bas et qu'ils tombent, nous tomberons avec eux.

6

DIEU CHERCHE DES CO-OUVRIERS

ieu est grand. Il est capable de faire tout ce qu'Il veut. La Bible dit de Lui que rien n'est impossible de Sa part :

"Y a-t-il rien qui soit étonnant de la part de l'Eternel ? (Genèse 18:14).

"Ah ! Seigneur Eternel, voici, tu as fait les cieux et la terre par ta grande puissance et par ton bras étendu : rien n'est étonnant de ta part" (Jérémie 32:17).

"Voici, je suis l'Eternel, le Dieu de toute chair. Y a-t-il rien qui soit étonnant de ma part ? (Jérémie 32:27).

"mais à Dieu tout est possible" (Matthieu 19:26).

"car tout est possible à Dieu" (Marc 10:27).

"Car rien n'est impossible à Dieu" (Luc 1:37).

Dieu n'est pas seulement capable de faire tout ce qu'Il veut. Il a décidé d'oeuvrer à travers tous ceux qui croient en Lui. Il a fait des promesses très grandes et ayant des répercussions très profondes à ceux qui se confient en Lui. Voici ci-dessous quelques-unes de ces promesses.

1. "Ce sont des choses que l'oeil n'a point vues, que l'oreille n'a point entendues, et qui ne sont point montées au coeur de l'homme, des choses que Dieu a préparées pour ceux qui l'aiment" (1 Corinthiens 2:9).

2. "En vérité, en vérité, je vous le dis, ce que vous demanderez au Père, il vous le donnera en mon nom" (Jean 16:23).

3. "En vérité, en vérité, je vous le dis, celui qui croit en moi fera aussi les oeuvres que je fais, et il en fera de plus grandes, parce que je m'en vais au Père" (Jean 14:12).

4. "Voici, je vous ai donné le pouvoir de marcher sur les serpents et les scorpions, et sur toute la puissance de l'ennemi; et rien ne pourra vous nuire" (Luc 10:19).

5. "Et moi, je vous dis : Demandez, et l'on vous donnera; cherchez, et vous trouverez ; frappez, et l'on vous ouvrira. Car quiconque demande reçoit, celui qui cherche trouve, et l'on ouvre à celui qui frappe" (Luc 11:9-10).

6. "Voici les miracles qui accompagneront ceux qui auront cru : En mon nom, ils chasseront les démons; ils parleront de nouvelles langues ; ils saisiront des serpents ; s'ils boivent quelque breuvage mortel, il ne leur fera point de mal ; ils imposeront les mains aux malades, et les malades seront guéris" (Marc 16:17-18).

7. "Demande-moi et je te donnerai les nations pour héritage, les extrémités de la terre pour possession. Tu les briseras avec une verge de fer, tu les briseras comme le vase d'un potier" (Psaume 2:8-9).

8. "Jésus-Christ est le même hier, aujourd'hui et éternellement" (Hébreux 13:8).

9. ”… *afin que les dominations et les autorités dans les lieux célestes connaissent aujourd'hui par l'Eglise la sagesse infiniment variée de Dieu" (Ephésiens 3:10).*

10. L'apôtre Paul réaffirme : *"Je puis tout par celui qui me fortifie" (Philippiens 4:13).*

Dieu veut faire des choses grandes et puissantes. Il veut faire des choses plus grandes que celles qui furent accomplies par le Seigneur Jésus. Il veut opérer de plus grandes guérisons et de plus grandes délivrances. Il veut amener de plus grandes multitudes à une foi plus profonde et plus grande que ce qui s'est passé dans le ministère de notre Sauveur et Seigneur. Il n'y a pas de limite à ce que Dieu veut faire. Il veut assujettir le monde. Il veut que l'homme domine sur le reste de la création. Il a créé l'homme avec la pensée qu'il dominera. La Bible dit :

"Dieu créa l'homme à son image, il le créa à l'image de Dieu, il créa l'homme et la femme. Dieu les bénit, et Dieu leur dit : Soyez féconds, multipliez, remplissez la terre, et l'assujettissez ; et dominez sur les poissons de la mer, sur les oiseaux du ciel, et sur tout animal qui se meut sur la terre' " (Genèse 1:27-28).

Dieu veut des gens qui travailleront avec Lui. L'apôtre Paul écrivit :

"Puisque nous travaillons avec Dieu" (2 Corinthiens 6:1).

Si tu acceptes d'être le co-ouvrier de Dieu, tu t'exposes par conséquent à la possibilité d'être appelé par Lui pour faire de grandes choses. Il a de grandes choses à faire. Il faut qu'Il les fasse. Il faut qu'Il les fasse avec la coopération de l'homme. Il peut les faire avec ta coopération. Il veut les faire avec ta coopération.

TON BUT NE PEUT JAMAIS ETRE TROP GRAND

Nous avons dit que Dieu veut faire de grandes choses. Nous avons aussi dit que Dieu veut la collaboration de l'homme dans l'accomplissement de ces grandes choses. Il est donc à la recherche des gens qui coopéreront avec Lui dans l'accomplissement de ces grandes choses.

Jusqu'à quel degré Dieu veut-Il t'utiliser" J'ose dire qu'Il veut t'utiliser jusqu'à un niveau bien plus étendu que tu ne le penses. Ta plus grande imagination ne pourra jamais saisir l'étendue dans laquelle Il veut t'utiliser.

Les limites auxquelles Dieu veut t'utiliser sont déterminées, non par Lui, mais par toi. Il aurait pu certainement t'utiliser davantage si tu lui avais donné libre cours. Il a planifié pour toi de plus grandes choses que ton but le plus grand.

Veux-tu prêcher l'Evangile aux gens dans dix pays" Ce n'est pas là le maximum possible. Il veut que l'Evangile atteigne tous les pays de la planète Terre.

Veux-tu Le connaître de manière très intime ? Son désir pour toi est que tu aies de lui une connaissance beaucoup plus intime que tu ne peux l'imaginer.

Veux-tu chanter l'Evangile afin que des gens l'entendent et soient sauvés ? Oh ! Combien Il serait content si tu pouvais chanter pour conduire un million ou dix millions de personnes dans Son glorieux royaume.

Veux-tu jeûner et prier de façon inhabituelle ? Eh bien, Moïse a eu deux jeûnes de quarante jours durant lesquels il ne mangea pas de nourriture et ne but pas d'eau. Anne jeûna nuit et jour pendant plusieurs années. Si tu veux faire de toute ta vie un jeûne infini, ce ne sera pas trop vouloir.

Veux-tu écrire des livres afin que des milliards de personnes puissent lire l'Evangile et croire ? Sa joie serait grande si tu produisais un livre pour chaque être humain vivant sur la planète Terre. Sa joie sera grande si tu apportes un livre à chaque personne qui vit sur la Planète Terre. Sa joie sera plus grande si tu si tu amenais tout être humain de la planète Terre à lire vingt livres parlant du Seigneur Jésus, afin que ceux qui n'auront pas été touchés par un livre puissent l'être par un autre. En 1952, les Communistes ont imprimé et fait circuler quatre titres différents de littérature pour chaque personne vivant sur la planète Terre. Ils sont en train de faire plus maintenant. Dieu ne veut pas que les Communistes répandent à travers les livres plus de poison que Ses enfants ne répandent la vie. Si tu vises à déclasser les Communistes dans la rédaction, la production et la distribution des livres pour la conversion des perdus et l'édification des saints, tu n'es pas en train de vouloir faire plus que ce qu'Il veut que tu fasses.

Veux-tu implanter et établir 100.000 églises ? Oh, si tu pouvais en implanter 1.000.000 où des croyants sont édifiés et bâtis en Lui jusqu'à ce que Christ soit pleinement formé en eux ! Plus le nombre sera grand et la qualité meilleure, plus tu recevras Son approbation. Il n'y a aucune possibilité d'exagérer. Au meilleurs, tu ne peux qu'être en dessous de ce qu'Il veut que tu fasses. Tu ne peux pas excéder la limite que Dieu a fixée pour toi.

Veux-tu prier dix-huit heures par jour? Ce ne sera pas trop. Il dit dans Sa Parole :

> *"Sur tes murs, Jérusalem, j'ai placé des gardes ; ils ne se tairont ni jour, ni nuit. Vous qui la rappelez au souvenir de l'Eternel, point de repos pour vous ! Et ne lui laissez aucun relâche, jusqu'à ce qu'il rétablisse Jérusalem et la rende glorieuse sur la terre"* Esaïe (62:6-7).

Veux-tu donner pour l'oeuvre de l'Evangile tout ce que tu as"
Tu ne peux jamais trop donner. Il a donné Son tout pour toi.
Il n'a rien retenu. Tu ne peux pas trop donner. Tu ne peux pas
donner plus que la veuve qui donna son tout. Après que tu
auras donné ton tout, il y aura encore lieu de donner davantage. Tu ne veux jamais trop donner.

Dieu t'a-t-Il appelé à te tenir derrière quelqu'un pour l'aider à
conquérir une ville, une tribu, une nation, un continent ou
une planète pour Lui ? Peut-être t'a-t-Il appelé à te tenir
derrière quelqu'un pour l'aider à conquérir une ville, une
tribu, une nation, un continent ou une planète pour Lui ?
Peut-être a-t-Il donné une commission à quelqu'un et t'a-t-il
chargé d'aider cette personne à réussir" Il te faudra y mettre
ton tout. Il faudra que tu laisses ton coeur et ton âme
s'étendre pour inclure tout ce qu'Il a donné à la personne que
tu es chargé d'aider. Tu n'oserais pas prendre ta commission à
la légère. Tu n'oserais pas dire que tout dépend de la personne
que j'ai été appelé à aider. Tout ne dépend pas d'elle. Tout
dépend de toi. Y mettre ton tout ne sera jamais y mettre trop.

Tu pourrais te demander : "Quelle est la relation entre ce que
je désire faire pour le Seigneur et ce qu'il voudrait que je fasse
pour Lui ? La Bible dit :

"Qu'il te donne ce que ton coeur désire, et qu'il accomplisse tous tes
desseins" (Psaume 20:5).

"Tu lui as donné ce que désirait son coeur et tu n'as pas refusé ce que
demandaient ses lèvres" (Psaume 21:2).

"Fais de l'Eternel tes délices, et il te donnera ce que ton coeur désire"
(Psaume 37:4).

Ces versets disent que Dieu donne les désirs du coeur. Ceci pourrait signifier qu'Il donne ce que le coeur désire ou bien qu'Il donne ce que le coeur doit désirer. Je pense que c'est les deux. Ceux qui font de l'Eternel leurs délices ne trouveront leurs délices que dans ce qui fait les délices de l'Eternel; et ce qui fait les délices de l'Eternel, c'est Sa volonté. Ainsi leurs délices sont les délices du Seigneur. Les justes reçoivent toute chose du Seigneur. Ils reçoivent de Lui ce qui doit faire leurs délices. Pendant que les gens marchent progressivement proches du Seigneur, ils se rendent compte qu'Il renouvelle leur volonté jour après jour et soude leurs volontés à la Sienne, afin que leurs volontés et la Sienne deviennent un. Ceux qui marchent proches du Seigneur fixent leurs coeurs sur les choses célestes, et tout ce qu'ils désirent, est ce que Dieu a mis dans leurs coeurs, et ce qu'Il a mis dans leurs coeurs comme désirs, c'est Son appel concernant leurs vies.

Si tu marches proche du Seigneur, après t'être abandonné complètement à Lui et ayant fait de Lui tes délices, va de l'avant et accomplis les désirs de ton coeur. Ce sont les désirs de Son coeur pour toi. Ne gaspille pas des années dans une indécision paralysante. Va de l'avant avec les désirs qui sont sur ton coeur. Ils proviennent de Lui. Si tu te trompes, Il te corrigera. Il est plus facile de ramener sur la bonne voie un bateau en marche qu'un bateau qui est encore ancré au port.

Fixe ton coeur à accomplir de grandes choses pour Dieu, pour Son Eglise et pour Son monde. Rêve de grandes choses à accomplir pour Lui. Risque de grandes choses pour Lui. Dieu a besoin de quelques vrais hommes qui Lui demanderont quelques grands projets, et qui recevront de Lui la force et des capacités surnaturelles pour accomplir ces projets, et qui les accompliront pour Sa gloire.

Tout ce qu'il te faut faire, c'est t'assurer que tu n'es pas en train de demander de grandes choses pour toi-même. Si tu désires de grandes choses pour toi-même, tu es vain. Si tu désires de grandes choses pour Lui, vas-y. Désire-les. Rêve de faire l'impossible pour Lui. Elabore des plans pour faire "l'impossible" pour Lui. Crois-le pour transformer "l'impossible" en possible.

Nous pouvons peut-être apprendre à partir de l'exemple de Caleb. La Bible dit :

"Les fils de Juda s'approcheront de Josué, à Guilgal ; et Caleb, fils de Jephunné, le Kénizien, lui dit : Tu sais ce que l'Eternel a déclaré à Moïse, homme de Dieu, au sujet de moi et au sujet de toi, à Kadès-Barnéa. J'étais âgé de quarante ans lorsque Moïse, serviteur de l'Eternel, m'envoya de Kadès-Barnéa pour explorer le pays, et je lui fis un rapport avec droiture de coeur. Mes frères qui étaient montés avec moi découragèrent le peuple, mais moi je suivis pleinement la voie de l'Eternel, mon Dieu. Et ce jour-là Moïse jura, en disant : Le pays que ton pied a foulé sera ton héritage à perpétuité, pour toi et pour tes enfants, parce que tu as pleinement suivi la voie de l'Eternel, mon Dieu. Maintenant voici, l'Eternel m'a fait vivre, comme il l'a dit. Il y a quarante-cinq ans que l'Eternel parlait ainsi à Moïse, lorsqu'Israël marchait dans le désert ; et maintenant voici, je suis âgé aujourd'hui de quatre-vingt-cinq ans. Je suis encore vigoureux comme au jour où Moïse m'envoya; j'ai autant de force que j'en avais alors, soit pour combattre, soit pour sortir et pour entrer. Donne-moi donc cette montagne dont l'Eternel a parlé dans ce temps-là ; car tu as appris alors qu'il s'y trouve des Anakim et qu'il y a des villes grandes et fortifiées. L'Eternel sera peut-être avec moi, et je les chasserai, comme l'Eternel a dit. Josué bénit Caleb, fils de Jephunné, et il lui donna Hébron pour héritage. C'est ainsi que Caleb, fils de Jéphunné, le kénizien, a eu jusqu'à ce jour Hébron pour héritage, parce qu'il avait pleinement suivi la voie de l'Eternel, le Dieu d'Is-

raël. Hébron s'appelait autrefois Kirjath-Arba : Arba avait été l'homme le plus grand parmi les Anakim. Le pays fut dès lors en repos et sans guerre" (Josué 14:6-15).

"On donna Hébron à Caleb, comme l'avait dit Moïse ; et il en chassa les trois fils d'Anak" (Juges 1:20).

Caleb avait pleinement suivi le Seigneur. Il avait entendu la promesse faite par Moïse. Il la garda dans son coeur. Il demanda l'accomplissement de cette promesse pour lui. Elle lui fut accordée. Il sollicita la montagne. Elle était excellente, mais présentait des dangers : les fils d'Anak y vivaient. Il crut le Seigneur et lorsqu'on lui donna la montagne, il en chassa les trois fils d'Anak. Il reçut ainsi la meilleure partie du pays.

Le meilleur de Dieu est réservé à ceux qui payent un prix exceptionnel. Le meilleur de Dieu contient des dangers exceptionnels. Seuls ceux qui sont prêts à Lui demander ce qui est presqu'impossible, peuvent accomplir le presqu'impossible pour Sa gloire. Ils seront aussi tenus de payer des prix presqu'impossibles.

Les gens qui ont fait de grandes choses pour Dieu ont été des gens prêts à croire à une grande promesse de Dieu et à s'y accrocher. Ils ont alors demandé à Dieu ce qui était presqu'impossible et ont payé un prix presqu'impossible et alors le presqu'impossible est arrivé.

Elisée était le fidèle serviteur du prophète Elie. Par amour, il s'accrocha à son maître et ne voulut pas se séparer de lui. Elie dit à Elisée :

"Demande ce que tu veux que je fasse pour toi, avant que je sois enlevé d'avec toi." (2 Rois 2:9).

Elisée demanda une double portion de l'esprit qui reposait sur le grand prophète ; en paya le prix et reçut ce qu'il avait demandé. Il finit par opérer deux fois plus de miracles qu'Elie. S'il avait demandé peu, il aurait payé un petit prix et aurait aussi reçu le peu qu'il avait demandé.

Le Seigneur dit :

"Demande-moi, et je te donnerai les nations pour héritage, les extré-mités de la terre pour possession" (Psaume 2:8).

Vois-tu le chèque en blanc qu'Il est en train de t'offrir ? Tu peux demander deux nations, dix nations, ou cent nations ou bien tu peux demander toutes les nations de la planète Terre. Tu es aussi libre de ne demander aucune nation. Tu recevras ce que tu demanderas. Les limites ne sont pas établies par Dieu. Elles sont établies par toi. Abraham s'était mis à inter-céder pour Sodome. Dieu lui accorda ses requêtes jusqu'à ce qu'il ait arrêté de demander. Les limites furent établies par Abraham et non par Dieu.

Dieu avait décidé d'exterminer la nation d'Israël à cause de son péché. Moïse intercéda. Il était prêt à payer le prix suprême consistant à aller en enfer pour qu'Israël fût épargné. Dieu l'exauça et Israël fut non seulement épargné, mais il fut aussi béni !

Le Seigneur avait prononcé une sentence de mort sur Ezéchias. Celui-ci se tourna vers le Seigneur et Le supplia. La sentence fut levée et quinze années supplémentaires furent ajoutées à sa vie !

Il y a un événement intéressant décrit dans la Bible. La Parole de Dieu dit :

"Elisée était atteint de la maladie dont il mourut; et Joas, roi d'Israël, descendit vers lui, pleura sur son visage, et dit : Mon père ! mon père ! char d'Israël et sa cavalerie ! Elisée lui dit : Prends un arc et des flèches. Et il prit un arc et des flèches. Puis Elisée dit au roi d'Israël: Bande l'arc avec ta main. Et quand il l'eut bandé de sa main, Elisée mit ses mains sur les mains du roi, et dit : Ouvre la fenêtre à l'orient. Et il l'ouvrit. Elisée dit : Tire. Et il tira. Elisée dit : C'est une flèche de délivrance de la part de l'Eternel, une flèche de délivrance contre les Syriens ; tu battras les Syriens à Aphek jusqu'à leur extermination. Elisée dit encore : Prends les flèches. Et il les prit. Elisée dit au roi d'Israël : Frappe contre terre. Et il frappa trois fois, et s'arrêta. L'homme de Dieu s'irrita contre lui, et dit : Il fallait frapper cinq ou six fois ; alors tu aurais battu les Syriens jusqu'à leur extermination; maintenant tu les battras trois fois" (2 Rois 13:14-19).

Il fut demandé au roi de frapper. Il ne demanda pas combien de fois il devait frapper. Il frappa trois fois. Il aurait pu frapper une fois, deux fois, quatre fois ou six fois. Il aurait pu frapper dix fois. Il choisit de frapper trois fois et c'est ce qu'il fit. Les limites furent établies, non par le prophète mourant, mais par le roi. Il savait que c'était sa dernière opportunité de recevoir du prophète, et pourtant il n'en profita pas au maximum.

Il y a plusieurs choses pour lesquelles Dieu permettra que ce soit le croyant qui établisse les limites. Il a fait de grandes et précieuses promesses. Il a laissé au croyant le soin de décider combien de ces promesses deviendront une réalité pratique dans sa vie.

Nous ne devons pas oublier que nous avons été faits pour être des dieux sous Dieu. Nous sommes des dieux. D'une manière très étendue, nous avons de la puissance souveraine. Dieu nous l'a donnée. Nous pouvons l'ignorer, l'utiliser avec parcimonie ou l'utiliser réellement. Il y a dans l'homme une capacité illimitée que très peu de personnes connaissent. Les potentialités de la nouvelle création en Christ sont si grandes qu'on ne peut les décrire. Ceux qui décident d'y entrer y entrent. Ceux qui ne veulent pas entrer en possession des grandes choses auxquelles Dieu a pourvues s'en privent. Certains, comme les deux tribus et demie des enfants d'Israël optent pour le second choix de Dieu sur la mauvaise rive du Jourdain. D'autres gaspillent quarante ans dans le désert à cause de l'incrédulité. D'autres ne chassent pas tous les ennemis comme ils devraient le faire.

Combien d'enfants de Dieu entrent dans la délivrance totale du péché et du Amoi dont la provision a déjà été faite par le Seigneur ? Combien entrent dans la guérison à laquelle Il a pourvu? Combien entrent dans l'alliance de santé à laquelle Il a pourvu ? Combien s'engagent pour la perfection à laquelle Il les a appelés ? Combien entrent dans l'avant-goût total de la puissance des siècles à venir qui est maintenant disponible à qui veut y entrer ? Combien ont soif ? Combien viennent à la fontaine ? Combien Le cherchent de tous leurs coeurs ? Combien sont entrés dans une alliance pour chercher l'Eternel, le Dieu de leurs pères, de tout leur coeur et de toute leur âme ? (2 Chroniques 16:12). Combien sont venus à Lui sur Ses principes et n'ont pas été bénis au-delà de toute mesure ?

Si tu es prêt à payer le prix, viens à Dieu avec les désirs de ton coeur. Ils te seront accordés.

1. N'opte pas pour la médiocrité !
2. N'opte pas pour l'ordinaire !
3. Tu es destiné à être un aigle spirituel, vole !
4. Tu es destiné à être un lion à l'image du Lion de Juda, ne t'y dérobe pas.
5. Tu es destiné à être un dieu. Agis comme un dieu.

6. Tu es un enfant de Dieu. Sois-en un ! Agis selon ta véritable nature.

7. Tu es destiné à assujettir la terre, assujettis-la.

8. Tu es destiné à dominer. Mets toutes choses sous contrôle.

9. Tu es destiné à avoir un coeur pur, aie-le.

10. Tu es destiné à être parfaitement saint. N'opte pour rien de moindre.

11. Tu es destiné à aimer Dieu de façon suprême. Aime-Le de cette manière.

12. Tu es destiné à Le chercher et à Le trouver. Cherche-Le, trouve-Le et connais-Le.

13. Tout est possible pour celui qui croit.

14. Demandez et l'on vous donnera.

15. Avec Dieu toutes choses sont possibles.

16. Sans la foi, il est impossible de plaire à Dieu. La foi peut être obtenue de Dieu sur demande. Ceux qui n'ont pas la foi sont ceux qui n'en veulent pas. S'ils la désiraient, ils demanderaient et demanderaient sans relâche jusqu'à ce qu'ils l'obtiennent en pleine mesure.

17. Marche aujourd'hui vers l'avenue de la victoire.

18. Pense de grandes choses.

19. Planifie de grandes choses.

20. Fais de grandes choses pour Dieu.

21. Tes plans ne peuvent pas être trop grands pour Lui.

22. Paie le prix suprême.

23. Mets-y tout de toi-même.

24. Mets-y tout ce que tu as.

25. Demande et reçois toute l'aide possible.

26. Prends appui sur Dieu. Appuie-toi uniquement sur Dieu.

27. Presse de l'avant jusqu'à l'achèvement.

28. Ne t'arrête pas avant la victoire.

29. La nuit de la bataille pourrait être longue.

30. Lève les yeux, l'aurore de la victoire est proche.

31. A moins que ton but ne soit assez grand et ne dépasse toute possibilité de l'accomplir sans l'intervention miraculeuse de Dieu, il n'est pas suffisamment grand.

32. A moins que ton but ne soit assez grand pour te pousser à te tourner résolument vers Dieu dans une confiance totale, il n'est pas suffisamment grand.

33. A moins que ton but ne soit tel que si Dieu n'intervient pas, il sera un échec même si tous les êtres humains y mettent leur tout, il n'est pas suffisamment grand.

34. A moins que ton but ne soit tel qu'après y avoir mis ton tout, tu dépendes encore totalement du Seigneur pour son accomplissement, il est trop petit.

35. A moins que ton but ne te pousse à un labeur et à une foi sans pareils, oublie-le !

7

POURQUOI LES GENS N'ARRIVENT PAS A ACCOMPLIR LEURS BUTS

Comment accomplir les tiens

I l y a deux raisons fondamentales pour lesquelles les gens n'arrivent pas à accomplir leurs buts. La première, c'est que le but n'est pas clair. Les gens dont les buts sont flous, indéfinis ne les accompliront pas. Ils n'ont rien à accomplir. Ils ont plus d'un but, ils échoueront aussi. Ils seront partagés entre les différents buts et n'accompliront finalement aucun. Ils trouveront souvent que leur second but leur a dérobé l'opportunité d'accomplir leur objectif primordial. Cependant, il peut y avoir différents aspects du même but. Par exemple, quelqu'un qui veut gagner une nation pour le Seigneur se rendra compte que pour accomplir ce but, il faut qu'il ait des buts d'accompagnement dans le domaine de la délivrance totale du péché et du moi, de la formation d'une équipe, etc. Toutefois, toutes ces choses sont des moyens pour une fin et non des fins en soi. Il faut qu'il y ait un seul but. Ceux qui ont un second but ont échoué.

La seconde raison pour laquelle les gens n'accomplissent pas les buts qu'ils se sont fixés est qu'ils ne sont pas prêts à y mettre tout ce qu'ils sont et tout ce qu'ils ont. Du fait qu'ils retiennent une partie du prix à payer, ils se privent aussi du succès.

Nous avons dit qu'une personne peut avoir le plus grand but possible. Nous avons aussi dit qu'aucun but n'est trop grand pour être accompli. Nous ajoutons qu'aucun but n'est trop grand pour être accompli par celui qui met tout ce qu'il est et tout ce qu'il a, tout ce qu'il pourra jamais être et tout ce qu'il pourra jamais avoir pour atteindre le but.

Si tu as reçu du Seigneur le but qu'Il a pour ta vie, si tu as accepté ce but en totalité, et si tu es ouvert à tout supplément et à toute expansion qui pourraient s'y ajouter, tu réussiras si tu y mets ton tout maintenant et ton tout dans le futur.

Afin d'accomplir le but que Dieu t'a donné et que tu t'es établi pour toi-même, il te faut faire les choses suivantes :

1. Lui consacrer tout ton temps, vingt-quatre heures chaque jour, jusqu'à ce que le but soit accompli. Toute minute ou toutes minutes retenues du but et investies activement ou passivement à autre chose réduiront tes chances de succès dans l'accomplissement de ton but. Nous insistons sur le fait qu'il faut que tu accordes à ton but 100 % de ton temps. C'est pourquoi celui qui veut réussir est impitoyable envers lui-même en ce qui concerne l'utilisation indulgente du temps. Il sera dur, très dur envers lui-même. Il sera dur, très dur envers ceux qui veulent voler son temps et l'éloigner de son but. Il sait que ceux qui veulent voler son temps de son but sont ses plus grands ennemis. Il sait qu'il faut choisir entre se débarrasser de ses ennemis, et se débarrasser de son but. Il ne peut obtenir les deux. S'il se repose, ce sera pour gagner l'énergie nécessaire pour continuer à

travailler dans l'accomplissement du but. S'il dort, ce sera dans le même but. Il se donnera juste le nombre d'heures de sommeil nécessaires pour l'aider à accomplir l'objectif en vue. Il ne dormira pas pour le plaisir de dormir. Il ne dormira pas pour faire plaisir à quelqu'un. Nous insistons à nouveau sur le fait que s'il veut réussir, il faut qu'il mette 100 % de son temps dans le projet et 0 % dans les autres choses. Ceci est en fait possible parce qu'il n'a que son but à accomplir. Il n'a rien d'autre. Il a abandonné toutes les autres choses.

2. Donner tout ton argent, biens, etc., à ton but. Toute chose qui n'est pas donnée au but est donnée pour aider à frustrer le but. Pour réussir, il faut qu'il oublie toutes les autres exigences, quelle que soit leur importance, et qu'il donne tout son argent et tous ses biens au but. Il planifiera les moyens d'obtenir plus d'argent, mais ce sera toujours pour l'investir dans le but. Il devra fermer ses yeux à toute autre chose et concentrer toutes ses ressources au but qu'il s'est fixé. Tout argent ou bien retenu ou investi ailleurs est investi pour empêcher le succès du but en vue.

3. Donner toute ta pensée à 100% au but.

4. Donner toutes ses émotions à 100% au but.

5. Donner toute la force de ta volonté au but à 100 %

6. Y mettre toute ton énergie à 100 %

7. En toutes choses, il se demandera : "Ceci pourra-t-il m'aider à accomplir le but que Dieu m'a donné" Il considérera que toute chose qui l'aidera à accomplir le but est positive, et que tout ce qui ne l'aidera pas à accomplir le but est négatif. Tout ce qui est neutre et tout ce qui est négatif seront immédiatement rejetés. Il classera toutes les choses qui l'aideront à accomplir le but comme suit :

8. celles qui sont indispensables pour l'accomplissement du but.

9. celles qui contribueront d'une façon très significative à l'accomplissement du but.

10. celles qui contribueront d'une façon légère à l'accomplissement du but. Les ayant ainsi classées, il se donnera d'abord à celles qui sont indispensables pour l'accomplissement du but. Il se concentrera sur elles, quel que soit ce qu'il ressent. Lorsqu'il aura achevé les choses indispensables, s'il ne peut rien faire d'autre, il s'arrêtera. S'il peut faire plus, il continuera à accomplir ces choses qui contribueront de manière très significative à l'accomplissement de son but. Il ne laissera jamais les choses qui contribueront de manière très significative à l'accomplissement de son but, pour se préoccuper de celles qui n'y contribueront que de manière significative ou de manière non significative. S'il est indulgent dans tous ces aspects, ce sera une proclamation du fait qu'il a décidé de ne pas accomplir le but qu'il s'est fixé lui-même.

11. Il décidera d'être totalement honnête envers lui-même. Il ne fera pas les choses pour une raison tout en donnant une autre raison aux gens. Il décidera d'écarter sans pitié toute chose qui se tiendra sur le chemin de son succès. Il n'aura pas un standard double. Si son oeil se tient sur la voie, il l'arrachera. Si son bras constitue un obstacle, il le coupera. Si celui qu'il aime beaucoup se tient sur la voie, il n'épargnera pas la personne à cause de son amour pour elle. Il l'écartera avec la même rapidité qu'il le ferait pour quelqu'un qu'il n'aime pas et qui s'avérerait être un obstacle. Le Seigneur Jésus dit : *"Si ton oeil droit est pour toi une occasion de chute, arrache-le et jette-le loin de*

toi ; car il est avantageux pour toi qu'un seul de tes membres périsse, et que ton corps entier ne soit pas jeté dans la géhenne" (Matthieu 5:29). Ici, le but était d'aller au ciel. L'oeil constituait un obstacle. Il fallait choisir entre conserver l'oeil et aller en enfer, ou l'arracher et aller au ciel. Evidemment, il est préférable d'aller au ciel n'ayant qu'un seul oeil plutôt que d'avoir les deux yeux et être jeté en enfer. Devant ce choix, l'oeil fut arraché et le ciel gagné. C'était douloureux de l'arracher, car la personne fut défigurée à cause de cela, mais quelle alternative y avait-il ? A défaut de s'imposer une telle sévérité, le but ne peut être accompli. C.T. Studd fut appelé par le Seigneur pour aller Le servir au Congo. Cet appel, comme tous les autres appels de Dieu, était clair et impératif. Il devait obéir. Il était marié. S'il pouvait amener sa femme, il l'aurait fait avec joie. Mais elle était malade et ne pouvait pas l'accompagner. Il confronta une crise. Devait-il abandonner l'appel de Dieu et rester avec sa femme, ou obéir à l'appel de Dieu et se séparer de sa femme qu'il aimait ? Il fit le bon choix. Il se sépara de sa bien-aimée épouse après accord mutuel, et s'en alla au Congo à l'appel du Maître. Ils furent séparés pendant 13 ans ! Il accomplit le but de Dieu pour sa vie. Elle était réellement une aide convenable pour l'aider à accomplir l'appel de Dieu dans sa vie. Je crois fermement que leurs deux noms ont été inscrits sur le tableau d'honneur des hommes et femmes de Dieu. C'est ce que signifient l'honnêteté et l'engagement. Il faudra toujours faire de grands sacrifices pour accomplir de grandes choses. L'exemple suprême est le Seigneur de toute gloire. N'avait-Il pas laissé toute la gloire du ciel pour notre monde ténébreux ? N'avait-Il pas fini comme un maudit sur la croix ? Et pourtant, à cause de ce sacrifice, Il acheta notre pardon et fit de nous des rois pour régner avec Lui.

12. Tout obstacle à l'accomplissement du but doit être identifié et écarté. Ceci doit se faire de façon très urgente et minutieuse.

13. Toute chose et toute personne qui peut contribuer doit être intégrée. Pour réussir, l'honnêteté signifie que je dois intégrer des co-ouvriers capables, même si une partie ou la totalité de l'honneur ou de la gloire leur revient. Ceci est parfaitement correct puisque le but en vue est, non de rechercher l'honneur et la gloire de qui que ce soit, mais d'accomplir un but pour la gloire de Dieu. Celui qui veut réussir dira : "Je veux que ce projet réussisse, quel que soit celui qui recevra la gloire venant de l'homme." Ceci exige le renoncement à soi-même. Nul ne peut accomplir de grandes choses pour le Seigneur Jésus s'il n'est pas prêt à renoncer à lui-même, à se charger de sa croix et à suivre le Seigneur. Le moi est souvent la plus grande barrière au succès de plusieurs projets. Celui qui veut réussir cherchera à être délivré du moi et recherchera la gloire du Seigneur à tout prix, et cela au détriment de son moi. Il n'y a aucune autre alternative à cela.

14. Vérifie constamment si tu continues à poursuivre le même objectif. Ceci est important parce qu'il est possible de se détourner de l'objectif et se mettre à poursuivre un autre but sans s'en rendre compte. Cet objectif secondaire qui a supplanté le premier pourrait être le résultat d'une réaction à un événement qui s'est passé. Lorsqu'on découvre que c'est le cas, il faudra faire un retour immédiat à l'objectif original et rejeter immédiatement le second.

15. Il faut qu'il y ait un temps limite fixé pour l'accomplissement de ton projet. La Bible dit : *"Enseigne-nous à bien compter nos jours, afin que nous appliquions notre coeur à la sagesse" (Psaume 90:12)*. Dieu veut que la tâche qu'Il nous a donnée soit accomplie avant que notre temps s'achève. Nous n'avons pas de temps à l'infini. Il y a deux choses qu'il faut avoir en pensée. La première est que le Seigneur Jésus pourrait venir à n'importe quel moment. Il nous faut achever tout ce qu'Il nous a demandé de faire avant qu'Il ne vienne nous chercher. D'autre part, Il ne différera pas infiniment Sa venue afin de nous donner plus de temps pour que nous l'utilisions à notre gré. L'autre aspect, c'est l'intervention possible de la mort. Nous devons achever l'oeuvre que Dieu nous a donnée avant notre mort. Tout cela nous montre la nécessité d'avoir un temps limite pour l'accomplissement du but de nos vies. La fixation d'un temps limite a les avantages suivants : **(A)** Cela nous aide à éliminer toutes les autres activités qui, bien que bonnes en elles-mêmes, ne nous aideront pas à accomplir le but. Il y a plusieurs bonnes choses dans la vie. Si nous avions à passer une infinité d'années sur cette terre, nous pourrions nous permettre de telles choses. Mais, si tu ne disposes que de 50 ans ou de 25 ans pour faire la seule tâche à laquelle le Seigneur t'a appelé, alors tu ne peux te permettre de gaspiller du temps sur une chose qui ne t'aidera pas à accomplir ton projet. **(B)** Cela aide à travailler sans répit. Le Seigneur vient. La mort pourrait venir. Il faut que le projet soit achevé. Que faut-il donc faire ? Travailler dur, c'est là la réponse. **(C)** Cela aide à rechercher la puissance du Seigneur. Si l'oeuvre est si grande et doit être accomplie disons en dix ou vingt ans, alors rien

en dehors de l'intervention divine ne pourra nous aider. **(D)** Cela aide dans l'évaluation quotidienne, hebdomadaire, mensuelle, et annuelle du progrès accompli. Si le travail doit être achevé en dix ans, alors 50 % devrait avoir été terminé après cinq ans. Si ce n'est pas le cas, alors on ne peut pas aller loin. Il faut qu'il y a ait de sérieuses modifications pour que le projet soit achevé à temps. **(E)** La plupart des gens, sinon tout le monde, mettent le meilleur d'eux-mêmes lorsqu'ils sont sous pression. Si une personne dit : "Il faut que j'écrive ce livre" et qu'une autre dise; "Il faut que j'écrive ce livre d'ici au 31 décembre," il est plus probable que celui qui s'est fixé un temps limite réussisse mieux que celui qui a laissé les choses au hasard. S'il faut que le livre soit écrit avant une certaine date, alors il faut tout faire pour s'assurer qu'il sera achevé. Ceci pourrait signifier des nuits sans sommeil ou bien l'utilisation d'un plus grand nombre de gens. Quel que soit le cas, nous disons à partir d'une expérience durement acquise que les gens qui produisent le meilleur sont ceux qui fixent une date limite pour l'achèvement de leurs projets. Ainsi n'établis pas seulement ton but. Fixe aussi un temps limite au bout duquel ce but sera accompli. Cela importe pour le succès.

Conscient des pressions environnantes et du temps limite disponible, l'apôtre fit cette exhortation :

"Prenez donc garde de vous conduire avec circonspection, non comme des insensés, mais comme des sages; rachetez le temps, car les jours sont mauvais" (Ephésiens 5:15-16).

8

TU PEUX DEVENIR TOUT CE POUR LEQUEL CHRIST T'A SAUVE ET TOUT CE QU'IL VEUT QUE TU SOIS

Nous prenons pour acquis que tu connais clairement ce que le Seigneur voudrait que tu accomplisses pour Sa gloire. Mais il se pose une question : Que dois-tu faire à présent ? Nous suggérons les choses suivantes :

1. LA CONSÉCRATION ET LA DÉLIVRANCE

Tu dois te consacrer entièrement au Seigneur ; tout ce que tu es, et tout ce que tu seras jamais ; tout ce que tu as et tout ce que tu auras jamais. Tu dois examiner ton coeur concernant ton motif. Tu dois te demander : "Est-ce que je veux faire cette chose uniquement pour la gloire du Seigneur ou bien je veux la faire en partie pour la gloire du Seigneur et en partie pour ma gloire ? Demande au Seigneur de sonder ton coeur et de te révéler tes intentions secrètes. Le coeur est trompeur par-dessus tout. Sois très honnête envers Dieu. Ne prétends pas que tu veux le faire uniquement pour la gloire du Seigneur, alors que tu as ta propre gloire en vue. Il te faudrait peut-être attendre devant Dieu pendant un certain temps avant qu'Il ne te montre les vraies intentions de ton coeur. Ce n'est pas que Dieu a besoin de ce temps, mais c'est parce qu'il t'est nécessaire pour être honnête et pour écouter. Si le Seigneur te montre que tu cherches ta propre gloire, que ce soit en totalité ou en partie, même si le projet est commencé, tu ne devras pas le continuer. Tu devras Lui demander de traiter avec toi et de changer les dispositions de ton coeur avant que tu ne continues. Si tes motifs sont mélangés, alors ton coeur n'est pas pur. La Bible dit :

> "Heureux ceux qui ont le coeur pur, car ils verront Dieu !" (Matthieu 5:8).

Si ce ne sont que ceux qui ont le coeur pur qui verront Dieu, nous pouvons aussi être sûrs que seuls ceux qui ont le coeur pur peuvent servir Dieu à Sa satisfaction. Un coeur qui est entaché par la recherche du "moi" ne peut pas être un canal pour l'écoulement libre du Saint-Esprit. Tu dois chercher à être délivré du "moi" avant de continuer. Sinon tu travaillerais en vain. Plusieurs t'accuseront de travailler dans ton projet pour ta propre gloire. Si ce qu'ils disent est faux, alors tu n'as pas de problème. Mais si ce qu'ils disent est vrai, alors tu es malade. Tu n'auras aucune récompense du Seigneur pour ton travail, à moins de te repentir et de Le chercher pour ta délivrance du "moi". Nous considérons ceci comme fondamental. Il y a tellement de choses qu'on fait au nom du Seigneur, mais qui sont juste l'extension du "moi". Il n'y aura pas de récompense pour de telles oeuvres, même si les concernés vont au point de se livrer au bûcher. Le dieu "moi" peut pousser ses adorateurs à payer le prix suprême. Ainsi, sois honnête. Sois réellement honnête. Sinon, tu te trompera toi-même.

En plus du problème du "moi", tu devras t'assurer que tu n'es pas en train de commettre consciemment un péché dans un domaine quelconque de ta vie. A défaut d'une séparation radicale de tout péché et de toute pratique pécheresse, tout travail est vain. Dieu ne peut pas envoyer des gens qui aiment et pratiquent encore le péché dans Son service. Ils Le déshonorent. La Bible dit :

> *"Si donc quelqu'un se conserve pur, en s'abstenant de ces choses, il sera un vase d'honneur, sanctifié, utile à son maître, propre à toute bonne oeuvre" (2 Timothée 2:21).*

La dernière chose que nous voulons suggérer est de s'engager à accomplir le projet en conformité avec la Parole de Dieu. Cela signifie que la Bible devra être l'autorité finale dans tout ce que tu feras ; que tu ne la compromettras pas ou ne déformeras pas toute la Bible ou une partie de la Bible dans le but de poursuivre ton projet. Il serait préférable que le projet échoue plutôt qu'il soit fait contrairement à ce que Dieu a révélé. Ensuite, tu dois aussi t'engager à obéir au Seigneur dans tout ce qu'Il te montrera pendant que tu avanceras. Il faut que ce soit Lui qui commence avec toi le projet, le continue et l'achève avec toi. La récompense n'est pas accordée pour des choses qui ont bien démarré. Elle est accordée pour des choses bien achevées. A moins qu'on Lui obéisse tout le long du chemin, le projet pourrait commencer en Lui et s'achever loin de Lui.

2. UN BUT CLAIR

S'il te plaît, écris clairement ce à quoi Dieu t'a appelé. Que cela ne reste pas juste dans ta tête. Cela t'aidera à être clair. Cela t'aidera aussi à ne pas abandonner lorsque tu es épuisé.

Souviens-toi qu'Il pourrait t'appeler à passer toute ta vie à

"Le servir nuit et jour dans le jeûne et dans la prière" (Luc 2:37).

C'est suffisant. C'est plus que suffisant.

Il y a un avantage à dire à quelqu'un d'autre ce à quoi tu t'es engagé. Cela t'aidera à t'y accrocher, et à ne pas passer à quelque chose d'autre lorsque l'enthousiasme initial se sera évanoui. Le problème de beaucoup d'enfants de Dieu est qu'ils n'achèvent jamais les projets qu'ils commencent. Dès le départ, ils sont très sûrs que Dieu leur a parlé et les a conduits à commencer. Bientôt, ils abandonnent, et sans honnêteté, cherchent des raisons religieuses pour ne pas perdre la face. Ils diront souvent que le Seigneur leur a maintenant dit le contraire ou bien qu'Il les a conduits vers une autre direction. Utiliser un langage religieux pour justifier l'instabilité, c'est s'attirer la désapprobation de Dieu. Je connais des gens qui sont toujours en train d'être conduits vers de nouveaux projets par le Seigneur. Il ne semble pas vouloir que quelque chose s'achève !

Nous insistons encore sur le fait que les croyants doivent considérer une telle instabilité comme péché. Ils doivent s'en repentir et porter du fruit digne de la repentance. Désirer obtenir des réponses rapides, c'est faire preuve d'un manque de caractère chrétien.

Ainsi, c'est avantageux de parler à quelqu'un qui t'aidera à ne pas te laisser aller à la prochaine pensée romantique lorsque, dans l'avenir, tu te seras lassé du premier but.

Ton but doit être si clair que si l'on devait te réveiller à minuit pour te le demander, tu le dirais sans hésitation. Nous suggérons que tu inscrives ce but à certains endroits de façon à le lire plusieurs fois par jour.

3. PRÉPARE-TOI ET COMMENCE

Connaissant ce que le Seigneur veut que tu fasses, tu dois t'asseoir et considérer le prix à payer. Quel en sera le prix? Le prix sera certainement énorme, mais ne te décourage pas. Décidetoi à payer tout le prix pour autant que tu es concerné. Si tu es prêt à donner tout ce que tu es et tout ce que tu as pour ton projet, si tu es prêt à ne retenir

- aucun franc,
- aucune minute,
- aucune parcelle d'énergie,

si tu es prêt à y mettre ton tout maintenant et ton tout dans l'avenir, alors tu as tout ce qu'il faut pour commencer ton projet.

Dieu ne veut pas que tu donnes à ton projet ce que tu n'as pas. C'est immoral de demander aux autres de t'aider lorsque toi-même tu n'y as pas mis tout ce que tu as. C'est immoral de demander à Dieu de te donner des choses à investir dans le projet alors que tu n'y as pas mis tout ce que tu as. Ainsi metsy tout de toi-même et tout ce que tu as. C'est suffisant pour démarrer le projet.

En y investissant tout ce que tu es et tout ce que tu as, tu as commencé le projet. Maintenant tu dois demander à Dieu de te donner ce qui t'est nécessaire pour continuer. Nous suggérons que tu te détermines à tout demander au Seigneur et uniquement au Seigneur. Tu ne dois pas publier tes besoins. Si tu ne peux pas faire confiance à Dieu pour qu'Il pourvoie à tes besoins en argent ou en autres biens, comment Lui feras-tu confiance pour porter du fruit? Si tu es appelé au ministère de gagneur d'âmes et que tu manipules l'homme pour qu'il satisfasse tes besoins, qui vas-tu manipuler pour produire des conversions authentiques ? Il est préférable de régler avec Dieu que tu feras connaître tes besoins à Dieu seul. Si tu as pris cette décision avec Lui, tu dois t'y cramponner. Ne t'y dérobe pas lorsque les choses deviendront difficiles et que le Seigneur permettra que ta foi soit mise à l'épreuve. La Bible dit :

"Qu'un tel homme ne s'imagine pas qu'il recevra quelque chose du Seigneur : c'est un homme irrésolu, inconstant dans toutes ses voies" *(Jacques 1:7-8).*

Si au jour de la prospérité tu marches par la foi, tu devras aussi marcher par la foi lorsque les choses paraîtront plus difficiles, car c'est alors que tu verras les délivrances de Dieu se produire d'une façon remarquable.

Tu dois évaluer tout ce que ton projet nécessite et prier à ce sujet, mais tu dois commencer avec le peu que tu as. Si tu attends d'avoir tout le nécessaire, tu ne commenceras jamais. Tu n'as pas la foi.

Il serait nécessaire de te retirer pendant des jours, des semaines, et même des années pour la préparation dans la prière, l'attente devant Dieu, le jeûne, etc. Paul se retira en Arabie pendant quelque temps. La formation nécessaire pour accomplir plusieurs projets pour Dieu est rarement reçue dans des écoles humaines, même si elles ont des étiquettes religieuses. Des sujets tels que :

- la délivrance du péché en pratique,
- la délivrance du "moi",
- la consécration,
- l'amour pour le Seigneur,
- la prière,

- l'intercession, l'agonie, la pétition, etc.,
- connaître le Seigneur,
- chercher le Seigneur,
- s'attendre au Seigneur,
- écouter la voix du Seigneur,
- obéir à Dieu,
- marcher par la foi,
- vaincre le monde,
- avoir les pensées de Dieu,
- la foi,
- la formation de Christ à l'intérieur,
- l'honnêteté,
- la vérité,
- la transparence,
- l'intégrité,
- la fidélité,
- l'endurance,
- etc.,

qui sont fondamentaux pour accomplir des projets spirituels sont rarement enseignés dans les écoles des hommes, pas même dans les écoles religieuses des hommes. Ils sont enseignés à l'Ecole de Dieu. Paul a été un étudiant à cette Ecole et nous en voyons les effets sur lui. Barnabas a été un étudiant à cette Ecole, et nous voyons les effets de cette école. Etienne était un étudiant dans cette Ecole. Philippe y a été un étudiant et tous les deux ont opéré de puissants miracles. Ils étaient tous deux pleins du Saint-Esprit. Ils avaient tous deux obéi à Dieu de façon radicale. Nous avons besoin de leurs semblables aujourd'hui. Lorsqu'ils paraîtront, ce sera à partir de l'Ecole de Dieu et non de l'Ecole de l'Homme. Ils n'auront pas de diplômes humains à présenter pour justifier leur formation. Comme Barnabas, qui était *"un homme de bien, plein d'Esprit-Saint et de foi" (Actes 11:24),*

voilà tout ce qu'ils auront à présenter. Comme Etienne, leurs diplômes seront qu'ils sont comme lui, un homme

"plein de foi et d'Esprit-Saint" (Actes 6:5),

et

"plein de grâce et de puissance, faisant des prodiges et de grands miracles parmi le peuple" (Actes 6:8).

4. SOIS OUVERT A DIEU

Il est probable que Dieu ne te montrera pas au début tout le modèle de ce que tu dois faire pour Lui. Il pourrait te montrer juste ce qui est suffisant pour commencer, et décider de ne t'en révéler davantage que pendant que tu avanceras. Tu dois être ouvert. Initialement, il pourrait vouloir que tu évangélises un village, et plus tard te demander de l'étendre à une tribu, ensuite à une province, ensuite à une nation, etc. Tu dois être prêt à l'écouter tout le temps. Tu dois aussi prendre l'initiative de Lui demander : Seigneur es-tu encore au centre de ce projet ? Seigneur comment voudrais-tu que je continue ? L'apôtre Paul dit :

"Puisque nous travaillons avec Dieu..." (2 Corinthiens 6:1).

Ce n'est qu'avec une pareille communion vitale avec Lui qu'un projet commencé avec Lui continuera à être dirigé et conduit par Lui pour Sa gloire.

Cependant, tu dois faire attention. Les mauvais esprits voudront te séduire. Discerne ce qui vient de ton Dieu et ce qui vient de ton ennemi. Obéis à Dieu.

5. PERSÉVÈRE DANS TON BUT

Il y aura des moments de découragement. Il y aura des moments où tu seras attaqué, abattu et presqu'écrasé. Vas-tu abandonner ? Plusieurs personnes te demanderont si Dieu ne t'appelle pas à abandonner ce projet. Elles pourraient produire des "évidences" pour te prouver que tu n'es pas en train d'écouter Dieu sinon tu aurais abandonné. Ne les écoute pas. Le Seigneur n'a pas désisté devant la croix. Souviens-toi que tu es un lion. Il ne se détourne pas du chemin de son devoir. Si Dieu t'a appelé à apporter l'Evangile à une certaine tribu, il est peu probable qu'Il t'appelle hors de là alors que tu ne viens que d'achever l'étude de la langue. Il est possible que ta nature instable ou que des esprits séducteurs veuillent te conduire de cette façon. Nous te répétons : "Continue à travailler à ton but."

Il se pourrait qu'il y ait des problèmes qui t'empêchent d'avancer. Chaque problème a en lui des semences d'une percée majeure. Il se pourrait que tu aies à abandonner des méthodes et des plans préconçus. Tu pourrais avoir à élaborer et à établir de nouveaux plans et de nouvelles méthodes, mais n'abandonne pas le but. Tu pourrais commettre des erreurs, grandes et petites, corrige-les, mais va de l'avant. Tu pourrais même échouer à un certain point, mais s'il te plaît, ne désiste pas. Dieu t'a appelé à cela. Il y est. N'abandonne pas. Tes co-ouvriers pourraient t'abandonner. Des pressions économiques pourraient intervenir. Les gouvernements humains pourraient te bannir. Cependant, persévère dans le projet. Tu as reçu le mandat du ciel pour continuer. Tu peux continuer. Continue.

Tu dois réaliser que si le Seigneur t'a appelé à faire quelque chose pour Lui, alors cela signifie qu'il faut que ce soit fait, quels que soient les obstacles. Tu pourrais penser que cela met long à s'achever et que tu devrais passer à autre chose plus facile à accomplie. Ne le fais pas. Ne va pas à quelque chose d'autre afin de satisfaire ceux qui veulent des résultats instantanés. Non, tu veux satisfaire le Seigneur. Il n'est pas pressé. Le bois, le chaume, la paille peuvent être produits en grande quantité en peu de temps. Mais l'argent, l'or et le diamant ne sont pas facilement produits.

6. ELABORE UN SYSTÈME POUR EVALUER LE PROGRÈS

Si je suis chargé de gagner deux millions de personnes à Lui, le Seigneur S'attend à ce que je fasse du progrès d'année en année. Il me faut donc chercher à recevoir de Lui la durée de temps limite qu'Il a fixé pour le projet. Je ne dois pas oublier cela. S'il veut que je gagne deux millions de personnes en dix ans, alors je saurais qu'il faut que je travaille de manière à achever l'oeuvre, disons en huit ans. Si je travaille pour l'accomplir en huit ans et qu'il s'avère plus tard qu'il y a du retard, j'essayerais encore de l'achever en dix ans comme le voulait le Seigneur. Je devrais établir des buts sur une base annuelle. Il faudra diviser les deux millions par huit afin de voir combien de personnes je devrais gagner chaque année. Il me faudrait faire les prévisions suivantes :

Année —> personnes

- 1 —> 250.000
- 2 —> 500.000
- 4 —> 1.000.000
- 6 —> 1.500.000
- 8 —> 2.000.000

Ceci signifie que si après les quatre premières années je n'ai gagné que 10.000 personnes, il faudra faire quelque chose, si je dois accomplir l'objectif pendant le temps qui a été fixé à cet effet.

Il y a des gens qui ne voudront pas regarder les choses de cette manière. Ils pourraient considérer cela comme étant non spirituel. Cependant, le fait que la plupart des croyants font très peu de réalisations pour le Seigneur devrait les faire réfléchir. Le Seigneur est-Il satisfait par la faible quantité de travail que les hommes font en Son Nom ? Je connais une dénomination qui a beaucoup de missionnaires venant d'Europe et d'Amérique et plusieurs pasteurs nationaux. Ils travaillent dans un certain pays depuis plus de vingt ans. La réalité est qu'il n'y a presque rien qu'ils peuvent présenter comme fruit de leur labeur dans le Seigneur. N'est-ce pas la volonté du Seigneur qu'il y ait du fruit, du fruit abondant, qu'il y ait du fruit qui demeure ? Si nous refusons de faire face à la réalité de la stérilité spirituelle maintenant, et que nous la couvrions par des phrases religieuses du genre "nous travaillons dans des terrains particulièrement difficiles," ou bien, "nous semons avec espérance", nous pourrions découvrir que le Seigneur nous a écartés à cause de notre paresse.

Quiconque voudrait accomplir ce à quoi il s'est engagé élaborera un système d'évaluation. S'il veut atteindre le monde entier en 50 ans, alors il devrait oeuvrer pour atteindre au moins trois pays chaque année.

Les enfants de Dieu sont complaisants. Le Maître de la moisson ne prend pas cela à la légère. Il ne prendra pas cela à la légère au jour du règlement des comptes. Je suis en train d'écrire ce message à Freetown en Sierra Leone. On m'a laissé entendre que dans deux ans le pays célèbrera le bicentenaire de l'arrivée des missions chrétiennes en Sierra Leone.

Certains disent qu'il y a en ce moment environ 200 missionnaires dans le pays venant d'Europe et d'Amérique. La population de Sierra Leone est d'environ 3.700.000 habitants. Je me pose une question : Combien de vrais croyants y a-t-il dans le pays ? Jusqu'à quel degré le pays a-t-il été atteint par l'Evangile ? Pourquoi plusieurs des bâtiments d'église à Freetown sont-ils presque vides les dimanches ordinaires" Qu'est ce que les 200 missionnaires ont fait depuis 200 ans ? Où se situe le problème ? Que faut-il pour apporter un changement ? Je suis un chimiste organicien. Si je me mets à synthétiser un produit par une certaine méthode et que je n'obtienne pas le résultat escompté, je ne recommencerai pas l'expérience exactement de la même manière. Je chercherai à savoir ce qui ne va pas et à faire les changements nécessaires avant de recommencer l'expérience. Mais très souvent l'Eglise chrétienne ne se pose pas de questions. Il ne semble pas y avoir de but en vue. Il n'y a personne pour demander pourquoi l'on fait si peu de progrès. Si nous confrontons les faits, il nous faudrait reconnaître que nous ne sommes pas en train de progresser comme nous devrions le faire, et qu'un changement de méthode ou de stratégie est indispensable. Nous soucions-nous suffisamment du travail que le Seigneur nous a donné à faire ? Voulons-nous nous tromper nous-mêmes que nous sommes en train de faire du progrès ? Même si nous faisons un certain progrès, nous devons nous poser la question de savoir si nous sommes en train de progresser à la vitesse qui nous permettra d'accomplir le ministère que le Seigneur nous a donné avant que le délai n'expire.

Il te sera utile de te confronter toi-même, au sujet de certains faits te concernant.

1. Quand as-tu cru au Seigneur ?

2. Combien de fois as-tu lu la Bible entièrement ?

3. Combien de temps passes-tu chaque jour à lire la Parole ?

4. Quel pourcentage cela constitue-t-il des vingt-quatre heures que Dieu t'a données par jour ?

5. Combien de temps passes-tu dans la prière seul avec Dieu par jour ?

6. Combien de temps passais-tu dans la prière seul avec Dieu il y a deux ans ?

7. As-tu fait un progrès considérable ?

8. Le Seigneur est-Il satisfait de ta vie de prière?

9. Tes prières sont-elles exaucées ?

10. T'endors-tu très souvent sur tes genoux ?

11. Si chaque croyant priait comme toi, l'Eglise ferait-elle des progrès rapides ?

12. Quelle somme d'argent donnes-tu au Seigneur par mois?

13. Combien lui as-tu donné l'an passé ?

14. Quel pourcentage de tes revenus cela représentait-il?

15. Combien as-tu gardé pour toi-même ?

16. Comment l'as-tu utilisé ?

17. Penses-tu que le pourcentage que tu as donné au Seigneur te qualifie pour être désigné comme quelqu'un qui n'amasse pas ses trésors sur terre, mais qui les amasse au ciel ?

18. Combien de personnes as-tu conduites au Seigneur depuis que tu as cru ?

19. Combien en as-tu conduites au Seigneur l'an passé ?

20. Combien de ces personnes persévèrent dans le Seigneur ?

21. Quel est ton engagement vis-à-vis des âmes perdues?

22. Combien de ton temps investis-tu activement chaque semaine pour gagner les perdus ?

23. Sais-tu comment aider un jeune converti à grandir dans le Seigneur ?
24. As-tu déjà aidé quelques jeunes convertis à grandir ? Qu'as-tu fait ?
25. Es-tu en train de désobéir à un commandement quelconque du Seigneur clairement écrit dans Sa Parole ou bien qu'Il t'a personnellement donné ?
26. Pendant combien de temps as-tu vécu dans cette désobéissance ?
27. Réalises-tu que tu es séparé de Lui aussi longtemps que tu continues dans cet état de désobéissance ?
28. etc.

De telles questions aideront celui qui est sincère à faire face à la réalité. Elles aideront celui qui dort et qui veut se réveiller à se réveiller. Ma vie de prière a considérablement changé depuis que j'ai commencé à noter combien de temps je passais dans la prière. Premièrement, je découvris que je priais beaucoup moins que je ne le croyais. Je me trompais moi-même. Les chiffres ont ouvert mes yeux. Deuxièmement, je me repentis. Troisièmement, j'établis de nouvelles ambitions pour la prière. Par la grâce de Dieu, je suis en train d'y travailler et il y a du progrès.

Pendant que tu évalues les réalisations par rapport à tes prévisions, tu verras clairement si tu devras maintenir la ligne de conduite actuelle, ou bien si tu dois faire des changements. Il ne faut jamais modifier le but. Tu ne dois jamais dire : "j'ai visé très haut. Je vais rabaisser le but." Non ! Il te faut maintenir le but, et changer toute autre chose afin de l'accomplir. Cela pourrait signifier que tu demandes plus de co-ouvriers au Seigneur ; cela pourrait signifier que tu diminues tes heures de sommeil pour les convertir en temps de prière. Cela pourrait signifier que certains projets secondaires qui ne contribuent pas à ton but, soient complètement écartés. Qui qu'il arrive, tu effectueras des changements, étudieras les résultats produits par ces changements, et tu verras si cela t'aide ou non à accomplir ton but. Tu pourrais te rendre compte qu'il te faut demander au Seigneur d'étendre le temps requis pour achever le projet. Si cette extension a été rendue nécessaire à cause d'un échec de ta part, alors il faudra d'abord te repentir avant de Lui demander plus de temps, et travailler pour t'assurer que tu ne tombes plus dans le même piège.

7. RECHERCHE ET REÇOIS DES CONSEILS

Il y aura plusieurs choses au sujet desquelles tu pourrais ne pas connaître la conduite à tenir. Pour plusieurs d'entre elles, il te faudra te tourner vers le Seigneur et vers Lui seul. Pour d'autres, il faudra que tu te tournes vers l'homme. Comment distinguer entre les deux ? C'est quelque chose que tu dois juger à partir de ta propre marche avec Dieu. Nous disons simplement que si tu veux connaître, Il te fera connaître.

Quel genre de personnes faut-il consulter pour des conseils" De telles personnes devront avoir plusieurs caractéristiques, mais plus particulièrement, elles doivent :

1. Connaître Dieu et marcher intimement avec Lui.
2. Avoir de l'expérience dans le domaine où tu as besoin de conseil.
3. Etre transparentes afin de pouvoir partager les possibilités et les difficultés qu'elles ont rencontrées ou bien qu'elles entrevoient.
4. Etre prêtes à te laisser faire ce que tu veux sans te laisser penser qu'il faut que tu suives leur conseil afin de maintenir une bonne relation avec elles.

8. DEMANDE ET REÇOIS DES CO-OUVRIERS DU SEIGNEUR

Tu auras besoin de co-ouvriers de toutes sortes. Tu ne pourras pas accomplir le travail seul. Tu dois présenter ton besoin de co-ouvriers devant le Seigneur dans la prière. Je suggère à nouveau que tu ne publies pas ton besoin. Si tu as décidé de traiter avec le Seigneur et avec Lui seul, alors cela doit s'appliquer aux co-ouvriers, aussi bien qu'aux finances. Le Seigneur t'enverra les co-ouvriers nécessaires. Il conduira par Son Esprit les personnes qu'il faut et les mettra sur ton chemin.

Même tes co-ouvriers ont besoin de co-ouvriers. Dans un sens, cela doit constituer une chaîne. Cependant, il faut aider chacun à voir la totalité du projet. Chacun doit être absolument soumis au Seigneur, soumis au dirigeant et au sous-dirigeant. Personne ne doit essayer de se faire un nom. Le co-ouvrier (l'aide), comme tous les autres, doit y mettre son tout. Tous ceux qui sont engagés dans le projet doivent y mettre tout ce qu'ils sont et tout ce qu'ils ont. Nul ne doit devenir juste un employé. Tous doivent donner leur tout et tous doivent être prêts à payer le prix suprême. Tous doivent se séparer absolument de tout péché. Tous doivent être prêts à oeuvrer pour le succès du projet global et ne pas faire comme si tout ce qui importe, c'est la partie dans laquelle ils travaillent. Prenons par exemple le ministère qui produit des livres, des traités, des cassettes, des cours par correspondance. Ceux qui travaillent pour les livres ne doivent pas faire comme si la production des livres était tout. Il faut qu'ils voient aussi l'importance des autres aspects du ministère. Le dirigeant du projet doit prier que tous voient le projet entier même s'ils ne travaillent que sur une partie de ce projet.

On ne pourra jamais assez insister sur l'importance de recevoir des co-ouvriers du Seigneur. Ceux que le Seigneur envoie seront fidèles. Ceux que nous manipulons et amadouons pour les intégrer pourraient s'avérer être des désavantages pour le projet. Ils pourraient même détruire complètement les choses.

Le dirigeant de l'équipe doit prier pour l'harmonie de ses co-ouvriers dans le travail. Il doit prier et les protéger des attaques de Satan. S'il est négligent en cela, il pourrait en souffrir sévèrement.

Nous insistons sur le fait que chacun de ceux qui travaillent pour le projet doit connaître quel est le but en vue. Peu importe si sa tâche est de s'occuper du courrier, de nettoyer le sol ou de diriger les opérations. Pour cette raison, il faut que le but soit clair et qu'il soit énoncé par écrit. Inutile de dire que tous les co-ouvriers doivent être d'accord avec cela sans réserve !

9. CROIRE DIEU

Dieu ne t'appellera jamais à faire pour Lui ce que tu peux faire de toi-même sans Son aide. Tout ce qu'Il demande qu'on fasse pour Lui tel que ceux qui dépendent uniquement de leurs dons et de leur capacité échoueront lamentablement.

Si tu regardes le projet auquel Dieu t'a appelé pour Lui, tu découvriras que cela ne peut pas se faire sans intervention divine. L'apôtre Paul était bien conscient de cela. Il confessa:

"Cette assurance-là, nous l'avons par Christ auprès de Dieu. Ce n'est pas à dire que nous soyons par nous-mêmes capables de concevoir quelque chose comme venant de nous-mêmes. Notre capacité, au contraire, vient de Dieu" (2 Corinthiens 3:4-5).

Tu ne peux pas le faire de toi-même.

Tu peux le faire avec la capacité du Seigneur.

Tu dois croire le Seigneur qu'Il agira avec puissance et te rendra capable de faire ce que tu ne peux pas faire de toi-même. Si tu y mets tout ce que tu es et tout ce que tu as et si tu obéis en toutes choses, Il agira puissamment malgré tes faiblesses.

Crois-Le. S'Il t'a envoyé pour l'accomplir, alors Il connaît l'étendue du projet et la limite de tes capacités. Il fera à l'intérieur ce que tu feras à l'extérieur. Ceci signifie que tu ne dois pas juste calculer et planifier sur la base de tes ressources visibles. Planifie en te basant sur Ses ressources invisibles. Il fera à l'intérieur ce que tu as fait à l'extérieur ! L'apôtre écrivit

"... travaillez à votre salut avec crainte et tremblement, ... car c'est Dieu qui produit en vous le vouloir et le faire, selon son bon plaisir" (Philippiens 2 : 12-13)

Confie-toi au Seigneur.

Invoque-Le.

Demande-Lui de bénir tes efforts. Il avait béni les cinq pains, et les deux poissons et des milliers furent nourris, et il y eut de loin beaucoup plus de restes que ce qu'ils avaient au départ. Le Seigneur l'avait fait à deux reprises afin que nous n'oubliions point cela. Compte sur Ses bénédictions. S'Il te bénit, tu réussiras. S'Il ne te bénit pas, tu échoueras lamentablement. C'est pourquoi c'est très important que tu regardes à Lui et que tu Lui obéisses en toutes choses sans te compromettre en quoi que ce soit pour plaire à l'homme. Jusqu'où l'aide de l'homme peut-elle t'amener ? Tout dépend de Ses bénédictions. Demande-les. Compte sur elles. Supplie pour les avoir. Travaille en dépendant d'elles.

Il est dit d'Isaac :

> *"Isaac sema dans ce pays, et il recueillit cette année le centuple ; car l'Eternel le bénit. Cet homme devint riche, et il alla s'enrichissant de plus en plus, jusqu'à ce qu'il devint fort riche. Il avait des troupeaux de menu bétail et des troupeaux de gros bétail, et un grand nombre de serviteurs : aussi les Philistins lui portèrent-ils envie"* (Genèse 26:12-14).

Si Isaac avait semé dix ignames cette année là, il aurait donc récolté 10+10+10+10+10...100 fois ' 1000 ignames.

Ce fut la même chose pour ses troupeaux de menu bétail et de gros bétail. C'est merveilleux. Quand Dieu bénit, Il bénit.

Regarde au Seigneur. Compte sur Lui. Il est disposé à te bénir. Demande-Lui de le faire. Quand Il le fera, le projet la plus impossible deviendra possible. Amen.

10. ACHEVE TON PROJET

Ton but doit être d'achever ton projet. Travaille en ayant ce but en vue. Il est relativement aisé de rêver à un projet. Il est relativement facile de recevoir du Seigneur ce qu'il faut faire. Ce n'est pas trop difficile de commencer. Ce qui prouvera que tu es digne de confiance, c'est d'achever le projet.

La réalité est qu'après avoir commencé plusieurs projets, le sens de la nouveauté s'évanouit. La plupart des gens ne sont motivés que par cette force. Elle a son pouvoir, mais ce pouvoir n'est pas tout ce qu'il faut. Tout le monde doit cultiver la grâce de la patience, la fidélité, et l'endurance. Les choses pourraient ne pas avancer aussi vite qu'elles devraient.

Des obstacles qui n'étaient pas entrevus pourraient intervenir, etc. Que faut-il faire ? Il n'y a qu'une seule chose à faire : continuer à travailler. Pendant que tu continues à travailler sur le projet, même lorsque tu ne sens rien émotionnellement, tu es en train de contribuer à bâtir du caractère. Les amoureux connaissent leurs moments bas, lorsque tous sentiments semblent avoir disparu. Ceux qui continuent en se basant sur la raison réussissent. Plus tard, les sentiments reviennent et ils sont plus forts et plus stables que les premiers. Des amis, des époux et épouses, etc., connaissent tout ce à quoi je fais allusion ici. Si tu es dans cette situation, ne doute pas dans les moments de ténèbres de ce dont tu étais sûr pendant le jour. Ne remets pas en cause la raison d'être du projet lorsque tu ne ressens plus le désir de continuer ou lorsque des difficultés se présentent. Continue à travailler dur.

"Il faut que le laboureur travaille avant de recueillir les fruits" (2 Timothée 2:6).

Ne marche pas par tes sentiments. Le juste marchera par la foi et non par les sentiments.

Ainsi, va de l'avant. Encourage ton équipe. Pendant que tu te rapproches du point final, il te faut redoubler d'efforts. Redouble de sacrifices. L'ennemi semble frapper très dure lorsqu'un projet est presqu'à son terme. C'est sa dernière occasion pour l'arrêter. Peut-on le blâmer parce qu'il tente désespérément une dernière fois de détruire totalement les choses ? Résiste-lui, et il fuira loin de toi !

Pour t'encourager tu dois penser à la récompense que Jésus-Christ te donnera en ce jour-là. La récompense sera pour des projets achevés et non pour des projets commencés et abandonnés par manque de caractère.

Dieu t'a appelé à faire cette chose pour Lui. Peux-tu oser Le décevoir ? Si tu Le laisses tomber, Il élèvera une autre personne pour achever le projet pour lui et tu auras travaillé en vain. L'apôtre écrivit :

"Prenez garde à vous-mêmes, afin que vous ne perdiez pas le fruit de votre travail, mais que vous receviez une pleine récompense" (2 Jean 8).

"Je viens bientôt. Retiens ce que tu as, afin que personne ne prenne ta couronne" (Apocalypse 3:11).

Ce jour arrive où le Maître viendra. Puisses-tu marcher vers Lui avec courage et Lui dire : "Maître, Tu m'as demandé de faire cette chose pour toi. Je l'ai faite et j'ai achevé ce que Tu m'as demandé de faire. La voici." Alors le Maître te dira :

"C'est bien, bon et fidèle serviteur ; tu as été fidèle en peu de chose, je te confierai beaucoup ; entre dans la joie de ton maître" (Matthieu 25:23).

Peux-tu imaginer cela ? La joie du Seigneur Jésus ? La joie du Père Eternel ? Tout cela à ta disposition d'éternité en éternité?

Cela en vaut la peine !

Cela en vaut la peine !!

Cela en vaut la peine !!!

Amen.

11. QUELLE EST LA SUITE ?

La récompense pour du travail bien fait, c'est toujours davantage de travail.

Regarde à Dieu pour recevoir de plus grandes choses encore.

Dieu est à l'oeuvre. Il continue à travailler. Travaille avec Lui. Dis-Lui : "Seigneur, j'ai achevé le projet que Tu m'a donné. Donne-m'en un autre." Il le fera.

Amen.

9

PAR OU VAS-TU COMMENCER ?

Dieu a un but directeur pour ta vie. Ton succès dans la vie chrétienne dépendra largement de ta recherche de ce but et de tes efforts à l'accomplir. Il te faudra mettre ce but devant toi et faire tout ce que tu peux pour le réaliser. Il te faudra établir pour ta vie, des buts qui te permettront d'être tout ce pour lequel Christ t'a sauvé et tout ce qu'il veut que tu sois.

Pendant que tu es encore en train de chercher cette chose spéciale que Dieu a en réserve pour toi, cette chose que toi seul peux accomplir pour Lui, je suggère que tu commences à y travailler en établissant des buts et en les accomplissant. Tu t'habitueras alors à l'application pratique des principes présentés dans ce livre et tu les appliqueras ensuite à ta vie globale.

Nous suggérons que dans un esprit de prière, tu établisses des buts pour les douze prochains mois et que tu t'efforces de les accomplir.

Tu peux aussi établir des buts pour cinq ans, dix ans, vingt-cinq, cinquante ans, cent ans et pour toute la vie. Ne sois pas surpris que je parle de buts de cent ans. En ce moment, il y a au moins 30.000 personnes aux Etat-Unis d'Amérique qui on plus de cent ans. Quelle est la personne qui s'attend à mourir demain ? Certainement ce n'est ni toi ni moi. Notre espérance est le ciel et non la tombe.

Tes buts pour douze mois pourraient inclure les domaines qui suivent :

1. Des buts dans le domaine de connaître Dieu et être comme Lui.
2. des buts pour recevoir la révélation.
3. des buts dans le domaine des rencontres surnaturelles avec Dieu telles que des visions, des rêves, la rencontre des anges, etc.
4. des buts dans la lecture de la Bible.
5. des buts dans la méditation quotidienne de la Parole.
6. des buts dans la mémorisation de la Parole de Dieu.
7. des buts dans l'obéissance à la Parole de Dieu et dans la sanctification.
8. des buts dans le développement du caractère chrétien.
9. des buts dans la lecture de la littérature chrétienne. etc.
10. Des buts dans le domaine du service du Seigneur
11. des buts dans le ministère envers les croyants.
12. des buts dans le ministère envers le monde.
13. des buts dans le ministère envers a) ta Jérusalem (ta ville), b) ta Judée (ta nation), c) ta Samarie (ton continent), d) les extrémités de la terre (la planète Terre)
14. des buts pour gagner les perdus.

15. des buts pour restaurer les rétrogrades.
16. des buts pour voir Christ être formé dans les saints.
17. des buts dans l'acquisition des dons spirituels.
18. des buts dans l'acquisition, le développement ou l'utilisation des talents.
19. des buts dans le développement du ministère personnel.
20. Des buts dans le domaine des finances
21. des buts sur la façon de gagner de l'argent
22. des buts dans le don au Seigneur et à Son service.
23. des buts dans le développement financier personnel : épargne, projets, etc.
24. Des buts professionnels.
25. Des buts sociaux : ta relation avec ta femme, ton mari, ton ami, tes amis, tes co-ouvriers, tes parents, etc.
26. Des buts dans l'apparence physique personnelle: le poids, l'habillement, etc.

Il faudra qu'il y ait des buts dans tous ces domaines afin que lorsqu'ils seront accomplis, tu aies fait du progrès dans la direction de ce pour lequel Christ t'a sauvé et ce qu'Il veut que tu sois.

Après que tu auras écrit ces buts, soumets-les au Seigneur et demande-Lui de t'aider à les réaliser. Si tes buts sont ce qu'ils devraient être, ils contiendront des éléments dans lesquels sans l'intervention de Dieu, et sans Ses bénédictions, tu échoueras, bien que tu y aies mis tout de toi-même et que tu aies fait tout ce que tu pouvais. Prie chaque jour pour tes buts. Il serait mieux d'accrocher tes buts là où tu pourras les voir souvent afin de prier sans cesse pour eux. Donne une copie de tes buts à ton meilleur ami afin qu'il puisse prier pour toi pendant que tu t'efforces à les accomplir et afin que tu ne désistes pas dans certains aspects lorsque tu te sentiras découragé. Elabore comment tu accompliras tes buts. Détermine combien de temps, d'effort, etc., il te faudra y consacrer.

Etablis un système d'évaluation sur une base mensuelle. Si par exemple, tu as planifié de lire la Bible six fois dans l'année, alors à la fin de chaque mois, ton système d'évaluation devrait vérifier si tu as lu la moitié de la Bible. Si tu n'as lu que 40 %, alors ton évaluation devrait te renseigner sur ce qu'il faut faire pour te rattraper.

Les évaluations mensuelles doivent être rassemblées après six mois pour voir comment les choses avancent et pour faire les ajustements nécessaires. Par exemple, si le but d'un domaine a été accompli à 80 % et que dans un autre domaine il n'y a eu que 20 % d'accomplissement, alors il faudra redistribuer le temps afin qu'il y ait moins de temps consacré au domaine où il y a déjà 80 % d'accomplissement et qu'il y ait davantage de temps consacré au domaine accompli à 20 % seulement.

A la fin de l'année, l'évaluation totale devra être faite et devrait être présentée à ton ami à qui tu avais donné une copie de tes ambitions au début de l'année.

Pendant que tu étudies ta performance au cours d'une année, tu verras facilement où sont tes faiblesses et tu t'efforceras de t'en débarrasser l'année suivante. Tu développeras un sens de direction. Tu développeras aussi la ténacité et la capacité de demeurer dans la même direction. Au-delà de tout, tu vas satisfaire le coeur de Dieu et ton propre coeur ; et heureux seras-tu !

Si tu ne sais pas ce que c'est qu'établir des ambitions et les accomplir, consulte quelqu'un dans l'assemblée qui t'aidera.

Amen.

10

DES PENSÉES A RETENIR

1. Dieu avait un but dans la création et dans la rédemption. Il est en train de travailler pour l'accomplissement de ce but. Qu'en est-il de toi? Sois un imitateur de Dieu !

2. Le Seigneur Jésus avait un but clair. Il travailla pour ce but et Il l'accomplit. As-tu un but clair ? Es-tu en train de travailler pour cela ? Vas-tu accomplir ton but ?

3. Le Seigneur Jésus était vendu aux "Il faut" de Sa vie. A quoi es-tu vendu ?

4. L'Apôtre Paul avait un but déterminant. Et toi ?

5. Le diable a un but. Il est en train de travailler dur pour l'accomplir. Il est en train d'oeuvrer sans relâche. Et toi" Es-tu en train de dormir pendant que ton adversaire, l'ennemi, travaille pour te détruire ? Jésus dit : "*Veillez et priez afin de ne pas tomber dans la tentation*"

6. Ceux qui refusent d'établir des buts clairs ont pour but d'échouer.

7. Il n'est pas trop tard pour commencer à établir des buts et à oeuvrer pour les accomplir. Tu dois commencer aujourd'hui, même si tu as gaspillé ta vie dans le passé à ne rien poursuivre en particulier.

8. Dans le futur tu seras ce que tu auras décidé d'être aujourd'hui.

9. Le gagnant est celui qui a un but clair et qui travaille à cela nuit et jour. Le perdant se donne à toute chose et finalement à rien. Es-tu un gagnant ou un perdant?

10. Les gens paresseux et indisciplinés cachent leur manque de but sous le manteau de l'attente infinie des directives de Dieu.

11. Celui qui veut attraper deux poissons d'un seul coup pourrait se rendre compte que finalement, il n'en attrape aucun. Celui qui réussit est la personne qui élimine tout ce qui est mauvais, neutre, bon et même mieux pour se concentrer uniquement sur le meilleur.

12. Dieu bénira celui qui met son tout dans la tâche à laquelle Il l'a appelé, tandis que celui qui décide activement ou passivement de retenir une partie du prix a choisi d'échouer. As-tu donné à ton projet tout ce que tu as ?

13. La couronne n'est pas donnée à l'athlète au début de la course, mais à la fin. Ceux qui achèvent leurs projets reçoivent leurs couronnes du Seigneur. Ceux qui n'achèvent pas les projets que Dieu leur a donnés ont travaillé en vain.

AU SUJET DE L'AUTEUR

TRES IMPORTANT !

La Vraie Conversion (MARC 10:17-31)

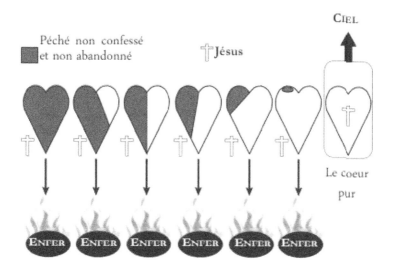

Tous les coeurs entachés représentent les personnes non sauvées. Seul le coeur pur représente la personne sauvée.

Jésus ne peut pas venir pour effacer certains péchés d'une personne et pas d'autres. Il vient pour effacer tous les péchés ou pour n'effacer aucun péché du tout.

Il efface le péché qui est confessé et abandonné pour toujours.

Il vient pour être Sauveur, Seigneur et Roi en toutes choses et en toutes circonstances, ou alors il ne vient pas du tout.

Il ne peut pas venir pour être Sauveur sans être Seigneur et Roi parce qu'Il ne peut pas se diviser. Il est Sauveur, Seigneur et Roi de tout sinon il n'est Sauveur, Seigneur et Roi de rien du tout.

Professeur Zacharias Tanee Fomum

Si tu n'as pas encore reçu Jésus comme ton Seigneur et Sauveur, je t'encourage à le recevoir. Pour t'aider, tu trouveras ci-dessous quelques étapes à suivre.

ADMETS que tu es un pécheur de nature et par habitude, et que par ton effort personnel, tu n'as aucun espoir d'être sauvé. Dis à Dieu que tu as personnellement péché contre Lui en pensées, en paroles en actes. Dans une prière sincère, confesse-Lui tes péchés l'un après l'autre. N'omets aucun péché dont tu te souviennes. Détourne-toi sincèrement de tes péchés et abandonne-les. Si tu volais, ne vole plus ; si tu commettais l'adultère ou la fornication, ne le fais plus. Dieu ne te pardonnera pas si tu n'as pas le désir de renoncer radicalement au péché dans tous les aspects de ta vie ; mais si tu es sincère, il te donnera la force de renoncer au péché.

CROIS *que Jésus-Christ qui est le Fils de Dieu, est l'unique Chemin, l'unique Vérité, et l'unique Vie. Jésus a dit :*

"Je suis le Chemin, la Vérité et la Vie. Nul ne vient au Père que par Moi" (Jean 14 : 6).

La Bible dit:

"Car il y a un seul Dieu, et aussi un seul médiateur entre Dieu et les hommes, Jésus-Christ homme, qui s'est donné Lui-même en rançon pour tous" (1 Timothée 2 :5-6).

"Il n'y a sous le ciel aucun autre nom qui ait été donné parmi les hommes, par lequel nous devions être sauvés" (Actes 4 : 12).

"A tous ceux qui l'ont reçu, à ceux qui croient en son Nom, elle a donné le pouvoir de devenir enfants de Dieu" (Jean 1 : 12).

Mais,

CONSIDERE le prix à payer pour Le suivre. Jésus a dit que tous ceux qui veulent Le suivre doivent renoncer à eux-mêmes. Cette renonciation implique la renonciation aux inté-rêts égoïstes, qu'ils soient financiers, sociaux ou autres. Il veut aussi que Ses disciples prennent leur croix et Le suivent. Es-tu prêt à abandonner chaque jour tes intérêts personnels pour ceux de Christ ? Es-tu prêt à te laisser conduire dans une nouvelle direction par Lui ? Es-tu disposé à souffrir et même à mourir pour Lui si c'était nécessaire ? Jésus n'aura rien à faire avec des gens qui s'engagent à moitié. Il exige un engagement total. Il ne pardonne qu'à ceux qui sont prêts à Le suivre à n'importe quel prix et c'est eux qu'Il reçoit. Réfléchis-y et considère ce que cela te coûte de Le suivre. Si tu es décidé à Le suivre à tout prix alors il y a quelque chose que tu dois Faire :

INVITE Jésus à entrer dans ton coeur et dans ta vie. Il dit :

"Voici je me tiens à la porte et je frappe; si quelqu'un entend ma voix et ouvre la porte (de son coeur et de sa vie), j'entrerai chez lui, je souperai avec lui, et lui avec Moi" (Apocalypse 3 : 20).

Ne voudrais-tu pas faire une prière comme la suivante ou une prière personnelle selon l'inspiration du Saint-Esprit ?

"Seigneur Jésus, je suis un pécheur misérable et perdu, j'ai péché en pensées, en paroles et en actes. Pardonne-moi tous mes péchés e purifie-moi. Reçois-moi, O Sauveur, et fais de moi un enfant de Dieu. Viens dans mon coeur maintenant même et donne-moi la vie éternelle à l'instant même. Je te suivrai à n'importe quel prix, comptant sur Ton Saint-Esprit pour me donner toute la force dont j'ai besoin."

Si tu as fais cette prière sincèrement, Jésus t'a exaucé, t'a justifié devant Dieu et a fait de toi à l'instant même un enfant de Dieu.

S'il te plaît écris-moi (**ztfbooks@cmfionline.org**) afin que je prie pour toi et que je t'aide dans ta nouvelle marche avec Jésus-Christ.

MERCI

D'avoir Lu Ce Livre

Si vous avez d'autres questions ou besoin d'aide, n'hésitez pas a nous contacter a travers **ztfbooks@cmfionline.org**. Si tu as été béni par le livre, nous serions également ravis si tu laissais un commentaire positif au près de ton distributeur préféré.

ZTF BOOKS, par le biais de la Christian Publishing House (CPH) offre une vaste gamme de meilleurs livres chrétiens en vente (sous formats papier, ebook et audio), portant sur une diversité de sujets, notamment le mariage et la famille, la sexualité, le combat spirituel pratique, le service chrétien, le leadership chrétien et bien d'autres. Vous pouvez consulter le site ztfbooks.com pour obtenir les informations sur nos nouveautés et nos offres spéciales. Merci de lire un des livres de ZTF

Restez connectes a l'auteur grâce aux réseaux sociaux (**cmfionline**) ou le site web (**ztfministry.org**) ou nous vous offrons des cours de formation a distance et sur place (durant toute l'année), du niveau élémentaire a *l'Université Mondiale de Prière et de Jeûne* (UMPJ) et a *l'Ecole de la Connaissance et du Service de Dieu* (ECSD). Nous vous attendons. Vous pouvez vous inscrire selon votre convenance. ou notre cours en ligne serait plus adéquat?

Nous aimerions te recommander un autre livre dans cette série: L'Art de travailler dur

Zacharias Tanee Fomum

L'ART

DE TRAVAILLER DUR

Un grand conseil de Dieu pour assurer ton succès à tous les niveaux.

L'art de travailler dur est un véritable manuel révolutionnaire et incitatif à se défaire de la paresse pour travailler de toute notre force, afin d'accomplir le but pour lequel Dieu nous a créés.

Il s'agit pour l'Auteur de nous faire comprendre qu'il est presque impossible de travailler dur sans un but en vue et que ce but doit être suffisamment grand pour nécessiter l'intervention de Dieu. De plus, il faut garder jalousement ce but en vue afin de ne pas le perdre, tout en planifiant son travail pour garantir sa réussite. Cependant, pour qu'un but soit accompli, il faut se déterminer à travailler sous pression, tout en pressant de l'avant.

Fais de ce livre ton compagnon. C'est un grand conseil de Dieu pour assurer ton succès à tous les niveaux.

AU SUJET DE L'AUTEUR

L'auteur avait obtenu sa Licence avec mention « Excellent » et avait reçu le prix d'excellence à Fourah Bay College, Université de Sierra Leone. Ses travaux de recherche en Chimie Organique ont conduit au Doctorat (PH.D), délivré par l'Université de Makéréré, Kampala, Uganda. Ses travaux scientifiques publiés ont été récemment évalués par l'Université de Durham, Grande Bretagne, et ont été trouvés être une recherche scientifique de haute distinction, pour laquelle il lui a été décerné le D.Sc. « Doctor of Science ». Professeur de Chimie Organique à l'Université de Yaoundé I, Cameroun, l'auteur a supervisé 99 mémoires de Maîtrise et thèses de Doctorat. Il est co-auteur de plus de 150 publications parues dans les Journaux Scientifiques de renommée internationale. L'auteur considère la recherche scientifique comme un acte d'obéissance au commandement de Dieu d'aller « assujettir la terre » (Genèse 1 :28). L'auteur sait aussi que le Seigneur Jésus-Christ est le Seigneur de la Science. « Car en Lui ont été créées toutes choses... » (Colossiens 1 :16). L'auteur a fait du Seigneur Jésus le Directeur de son laboratoire de recherche, l'auteur étant le directeur adjoint. Il attribue son succès scientifique à la direction révélationnelle du Seigneur Jésus.

L'auteur a lu plus de 1300 livres sur la foi chrétienne et est lui-même auteur de plus de 150 livres pour promouvoir l'Evangile de Christ. Quatre millions d'exemplaires de ses livres sont en circulation dans onze langues. Seize millions d'exemplaires de ses traités évangéliques sont en circulation dans 17 langues.

L'auteur considère la prière comme étant le travail le plus important qui puisse être fait sur terre pour Dieu et pour l'homme. Il a enregistré plus de 50 000 réponses à ses prières écrites et il est en train de travailler de plus belle pour connaître Dieu afin de Le mouvoir à répondre à ses prières. Il a avec son équipe, accompli plus de 57 croisades de prière (une croisade de prière est une période de quarante jours pendant laquelle au moins huit heures sont investies dans la prière chaque jour). Ils ont aussi accompli plus de 70 sièges de prière (un siège de prière est un temps de prière presque ininterrompue qui varie de 24 heures à 96 heures). Il a aussi effectués plus de 100 marches de prière variant de cinq à quarante-sept kilomètres des villes et cités à travers le monde. Il a enseigné sur la prière encore et encore, bien qu'à plusieurs égards, il soit juste un débutant dans cette science profonde qu'est la prière.

L'auteur considère également le jeûne comme étant l'une des armes dans le combat spirituel chrétien. Il a accompli plus de 250 jeûnes d'une durée variant de trois à cinquante-six jours, ne buvant que de l'eau et des vitamines solubles dans l'eau.

Ayant vu quelque chose sur l'importance d'épargner l'argent et de l'investir dans la bataille d'atteindre avec le glorieux Evangile ceux-là qui n'ont pas Christ, l'auteur a choisi un style de vie de simplicité et de « pauvreté auto-imposée », afin que leurs revenus soient investis dans l'œuvre critique d'évangélisation, de conquête des âmes, d'implantation des églises et de perfectionnement des saints. Son épouse et lui ont progressé jusqu'à investir dans l'Evangile 92.5% de leurs revenus gagnées à partir de toutes les sources (salaires, allocations, droits d'auteurs et dons en espèces) avec l'espoir que pendant qu'il grandit en connaissance, en amour pour le Seigneur, en amour pour les perdus, il investira 99% de ces revenus dans l'Evangile.

Au cours des quarante dernières années, 99% du temps, l'auteur a passé entre 15 minutes et 06 heures par jour avec Dieu dans ce qu'il appelle Rencontres Dynamiques Quotidiennes Avec Dieu (RDQAD). Pendant ces moments, il a lu la Parole de Dieu, il a médité là-dessus, il a écouté la voix de Dieu, il a entendu Dieu lui parler, il a enregistré ce que Dieu était en train de lui dire et a prié là-dessus. Il a ainsi plus de 18,000 Rencontres Dynamiques Quotidiennes Avec Dieu enregistrées par écrit. Il considère ces rencontres quotidiennes avec Dieu autour de Sa parole comme étant la force déterminante de sa vie. Ces Rencontres Dynamiques Quotidiennes Avec Dieu, ajoutées à cela plus de 60 périodes de retraites pour chercher Dieu seul, pendant des périodes variant entre 3 et 21jours (ce qu'il désigne Retraites Pour Le Progrès Spirituel), ont progressivement transformé l'auteur en un homme qui premièrement avait faim de Dieu, ensuite qui a maintenant faim et soif de Dieu, tout en espérant devenir un homme qui a faim, qui a soif et qui soupire après Dieu. « O puissé-je avoir davantage de Dieu » est le cri incessant de son cœur.

L'auteur a voyagé de manière extensive pour prêcher l'Evangile. Il a effectué, partant de sa base qui est Yaoundé, plus de 700 voyages missionnaires à l'intérieur du Cameroun, des voyages d'une durée variant d'un jour à trois semaines. Il a également effectué plus de 500 voyages missionnaires d'une durée variant entre deux jours et six semaines dans plus de 70 nations de tous les six continents.

L'auteur et son équipe ont vu plus de 10 000 miracles de guérison opérés par le Seigneur en réponse à la prière au Nom de Jésus-Christ, des miracles allant de la disparition des maux de tête à la disparition des cancers, des personnes séropositives entièrement transformées en personnes séronégatives, des aveugles recouvrant la vue, des sourds entendant, des muets parlant, des boiteux marchant, des démoniaques délivrés, de nouvelles dents et de nouveaux organes reçus.

L'auteur est marié à Prisca et ils ont sept enfants qui sont engagés avec eux dans l'œuvre de l'Evangile. Prisca Zei Fomum est ministre national et international aux enfants; Elle se spécialise à gagner les enfants et dans la tâche de faire d'eux des disciples du Seigneur Jésus, impartir la vision du ministère aux enfants, à susciter et à bâtir des ministres aux enfants.

L'auteur doit tout ce qu'il est et tout ce que le Seigneur a fait en lui et à travers lui aux faveurs et bénédictions imméritées de l'Eternel Dieu Tout-Puissant, et à son armée mondiale d'amis et de co-ouvriers qui ont généreusement et sacrificiellement investi leur amour, leur encouragement, leurs jeûnes, leurs prières, leurs dons et leur coopération sur lui et dans leur ministère conjoint. Sans les faveurs et les bénédictions imméritées de l'Eternel Dieu Tout-Puissant et les investissements de ses amis, amoureux et co-ouvriers, il n'aurait rien été et il n'aurait rien fait du tout.

15/09/08, Yaoundé

facebook.com/cmfionline
twitter.com/cmfionline
instagram.com/cmfionline

AUTRES LIVRES DU MEME AUTEUR

https://ztfbooks.com

LE CHEMIN DU CHRÉTIEN

1. Le Chemin de la Vie
2. Le Chemin de l'Obéissance
3. Le Chemin d'être Disciple
4. Le Chemin de la Sanctification
5. Le Chemin du Caractère Chrétien
6. Le Chemin du Combat Spirituel
7. Le Chemin de la Souffrance pour Christ
8. Le Chemin de la Prière Victorieuse
9. Le Chemin des Vainqueurs
10. Le Chemin de la Puissance Spirituelle
11. Le Chemin de l'Encouragement Spirituel
12. Le Chemin de l'Amour pour le Seigneur
13. Le Chemin du Service Chrétien

LA PRIERE

1. Le Chemin de la Prière Victorieuse
2. Le Ministère du Jeûne
3. L'Art de l'intercession
4. La pratique de l'intercession
5. Prier Avec puissance
6. Combat spirituel pratique par la prière
7. Mouvoir Dieu par la Prière
8. Le Ministère de la louange et des actions de grâce
9. S'attendre au Seigneur par la prière

AIDE PRATIQUE POUR LES VAINQUEURS

DIEU, LE SEXE ET TOI

FAIRE DU PROGRES SPIRITUEL

ÉVANGÉLISATION

LES FEMMES DE LA GLOIRE

DIEU T'AIME

AIDE PRATIQUE DANS LA SANCTIFICATION

LEADERSHIP SPIRITUEL

LE RENVERSEMENT DES PRINCIPAUTES

AUTRES

HORS SERIE

LES FEMMES DE LA GLOIRE

1. L'adoratrice Récluse: La Prophetesse Anne
2. L'intimité Infinie: Marie de Béthanie
3. L'Amour Qui Gagne: Marie de Magdala
4. Non destinée à la défaite: La reine Esther

LES NOUVEAUX TITRES

1. Centrer sur Dieu
2. Les Prérequis Pour un Ministère Spirituel
3. Dans le creuset du service
4. Dispositions victorieuses
5. la conscience du croyant
6. La prière et la marche avec Dieu
7. la vie remplit de l'esprit
8. l'agressivité spirituelle
9. le dirigeant et son Dieu
10. Les Processus de la Foi
11. Marcher avec Dieu
12. l'arome spirituel
13. Racines et destinés
14. Les Affaires du Cœur

LES ANTHOLOGIES

1. L'Ecole des Gagneurs d'Ames et du "Gagnement" des Ames
2. L'Œuvres Complètes de Z.T. Fomum sur la Sainteté (Volume 1)
3. L'Œuvre complète de ZTF sur la Doctrine chrétienne fondamentale

LA SERIE BIOGRAPHIQUE

EXTRAIT DES LIVRES DE Z.T. FOMUM

1. Les Retraites de Quinze Minutes

DISTRIBUTEURS DE LIVRES DE ZTF

Ces livres peuvent être obtenus auprès des distributeurs suivants :

ÉDITIONS DU LIVRE CHRETIEN (ELC)

- **Email:** editionlivrechretien@gmail.com
- **Tél:** +33 6 98 00 90 47

CPH YAOUNDE

- **Email:** editionsztf@gmail.com
- **Tél:** +237 74756559

ZTF LITERATURE AND MEDIA HOUSE (LAGOS, NIGERIA)

- **Email:** zlmh@ztfministry.org
- **Tél:** +2348152163063

CPH BURUNDI

- **Email:** cph-burundi@ztfministry.org
- **Tél:** +257 79 97 72 75

CPH OUGANDA

- **Email:** cph-uganda@ztfministry.org
- **Tél:** +256 785 619613

CPH AFRIQUE DU SUD

- **Email:** tantohtantoh@yahoo.com
- **Tél**: +27 83 744 5682

INTERNET

- Chez tous les principaux détaillants en ligne: **Livres électroniques**, **audios** et en **impression à la demande**.
- **Email**: ztfbooks@cmfionline.org
- **Tél**: +47 454 12 804
- **Site web**: ztfbooks.com